Meisterwerke kurz und bündig

Homers Ilias und Odyssee
Von Gerhard Fink

Meisterwerke kurz und bündig
Herausgegeben von Olaf Benzinger

Sicherlich kennt man die Geschichte vom trojanischen Pferd und den berühmten Gesang der Sirenen, dem Odysseus nur gefesselt widerstehen konnte. Aber wohl kaum jemand kann die ganze »Ilias« oder »Odyssee«, ihre komplizierten Handlungen und ihre Deutungen im Kopf behalten. Dazu ist das Werk zu mannigfaltig, zu groß – eine der gewaltigsten Schöpfungen der antiken Literatur. Gerhard Fink stellt jeweils das Wichtigste zu Homers »Ilias« und »Odyssee« zusammen: Inhalt und Aufbau, Wirkungsgeschichte und was man über Homer weiß. Im Mittelpunkt der allgemeinverständlichen Darstellung stehen alle wichtigen Daten, Fakten und Hintergrundinformationen. Ein höchst kurzweiliges Kompendium für Laien und Experten, für Liebhaber und Neugierige. Die wichtigste Dichtung der antiken Kultur auf einen Blick.

Gerhard Fink, geboren 1934, Studium der Alten Sprachen, Philosophie, Germanistik. Er war lange Jahre im Schuldienst tätig und arbeitet heute als Seminarleiter, Autor, Übersetzer und Herausgeber zahlreicher Sachbücher. Seit 1998 wissenschaftlicher Berater für die Sammlung Tusculum.

Homers Ilias und Odyssee

Von Gerhard Fink

Piper München Zürich

Originalausgabe
1. Auflage Oktober 1999
3. Auflage Dezember 2001
© 1999 Piper Verlag GmbH, München
Umschlag: Büro Hamburg
Stefanie Oberbeck, Katrin Hoffmann
Umschlagabbildung: CSA Archive/photonica
Redaktion und Satz: Lektyre Verlagsbüro
Olaf Benzinger, Germering
Druck und Bindung: Clausen & Bosse, Leck
Printed in Germany   ISBN 3-492-22885-2

Inhalt

Der Autor und seine Zeit

Der Zerrissene

»Sieben Städte zankten sich drum, ihn geboren zu haben;
nun, da Wolf ihn zerriß, nehme sich jede ihr Stück.«

Der Wolf, über den sich Friedrich von Schiller in diesem
Zweizeiler mokiert, ist natürlich nicht der böse Wolf
aus dem Märchen, sondern ein Philologe namens Friedrich August Wolf, der 1795 eine schon in der Antike ge-
führte, aber unterdrückte Diskussion wieder in Gang
brachte. Allein die Zahl der unter Homers Namen überlieferten Werke, aber auch ihre unterschiedliche Qualität,
legte schon früh die Frage nahe, ob alle »homerischen«
Dichtungen – neben der ILIAS, der ODYSSEE und weiteren
Epen gehören auch Götterhymnen dazu – von Homer
stammten.

Gegen Ende des 5. Jahrhunderts vor Christus schieden
zwei Gelehrte aufgrund von Sprach- und Stiluntersuchun-
gen die ODYSSEE aus und ließen Homer nur die ILIAS.
Andere meinten, die beiden großen Epen hätten erst zur
Zeit des Tyrannen Peisistratos von Athen (im 6. Jahrhundert vor Christus) durch Sammlung und Bearbeitung
von verstreutem Material ihre heutige Form bekommen.

Auch Friedrich August Wolf war davon überzeugt, daß
die zwei umfangreichen und raffiniert durchkomponierten
Heldenlieder unmöglich aus dem 8. Jahrhundert vor Christus stammen könnten.

Die Griechen, so meinte er, hätten damals noch keine Schrift gehabt. Ohne dieses wichtige Hilfsmittel könne aber niemand ein größeres literarisches Werk schaffen. Demzufolge seien ILIAS und ODYSSEE in der Form, wie sie uns vorlägen, erheblich jünger als die Überlieferung behaupte. Jenen Homer, wenn es ihn denn gegeben habe, müsse man sich als fahrenden Sänger mit einem noch recht begrenzten Repertoire vorstellen, an dem Spätere herumgeflickt und weitergestrickt hätten.

Anders könne das gar nicht gewesen sein!

Die Aufregung darüber, daß Wolf auf diese Weise den ersten und zugleich größten Dichter des Altertums von seinem Thron stieß, war beträchtlich. Die Lawine war aber nun einmal losgetreten, und die »Homerische Frage« blieb ein Dauerbrenner, auch wenn im Laufe der Zeit Wolfs

Wer war Homer?

Es gab eine Zeit, in der Literaturwissenschaftler die Existenz eines Dichters Homer überhaupt bezweifelten und den Namen als kollektive Bezeichnung für jene Rhapsoden erklärten, die auf den Vortrag epischer Dichtungen spezialisiert waren. Inzwischen neigt man wieder dazu, an ein Individuum Homer zu glauben, und sucht in den mit Anekdoten herausgeputzten antiken Lebensbeschreibungen den alten, echten Kern.

Viel bleibt da bei kritischer Sichtung nicht übrig: An der kleinasiatischen Küste hat der Dichter gelebt, vielleicht im Gebiet von Smyrna, vielleicht auch auf der Insel Chios, auf der noch Jahrhunderte später eine Sängergilde sich »Homeriden« nannte.

Sehr seßhaft war er wohl nicht; er dürfte, wie andere Rhap-

Argumentation in wesentlichen Punkten widerlegt werden konnte. So weiß man mittlerweile, daß die Griechen des 8. vorchristlichen Jahrhunderts sehr wohl bereits schreiben konnten.

Daraus ergibt sich aber nicht zwingend, daß irgend jemand die neue Kunst so exzessiv genutzt hat wie jener Homer.

Ist es nicht glaubhafter, daß ein überschaubarer Erzählkern durch Zudichtungen allmählich wuchs oder daß ursprünglich selbständige Gesänge aus dem Volksgut zu einem größeren Gedicht vereint wurden?

Doch wer solche Fragen stellt, traut anonymen Redakteuren und Kompilatoren wohl zuviel zu. Denn ILIAS und ODYSSEE sind, jede für sich genommen, ganz erstaunliche Kunstwerke, überlegt und planvoll gestaltet, und, wenn

soden auch, von Fürstenhof zu Fürstenhof gezogen sein oder die großen religiösen Feste besucht haben, bei denen Dichter Gelegenheit zum Vortrag ihrer Werke hatten.

Daß sich Homer mit dem deutlich jüngeren Böotier Hesiod in einem Dichterwettkampf gemessen habe, ist wahrscheinlich eine Erfindung. Daß er zeitweilig bittere Not gelitten habe, mag man glauben: Arme Poeten gab es nach ihm noch genug.

Ein uneheliches Kind soll er gewesen sein, von einem Schulmeister adoptiert und nach dessen Tod selbst Schulmeister. Dann, so berichtet die Sage, überredete ihn ein Kapitän, mit ihm auf große Fahrt zu gehen, doch das brachte dem jungen Homer kein Glück: Ein Augenleiden ließ ihn erblinden, und er mußte nun sein Brot mit Dichten verdienen. Als blinden alten Mann zeigen ihn zahllose Büsten aus Marmor oder minderem Stein. Trotzdem darf man sehr daran zweifeln, ob er blind war.

schon nicht das Werk *eines* ganz großen Dichters, dann eben das von *zweien.*

Das ist auch das Ergebnis der mit viel Scharfsinn und Vehemenz geführten, nun gut zweihundertjährigen Auseinandersetzung unter den Homer-Philologen: Der Dichter, der die ILIAS verfaßt hat, ist nach allem, was wir heute rekonstruieren, wohl nicht identisch mit dem ODYSSEE-Dichter.

»Homer« bleibt ein Zerrissener.

Alles dreht sich um Troja

Die Stadt Troja dagegen hat es gegeben – das ist sicher. Seit der Engländer Frank Calvert und der deutsche Großkaufmann Heinrich Schliemann im Vertrauen auf die antike Überlieferung den Hügel von Hisarlik in der Nordwestecke Kleinasiens zu durchwühlen begannen, erwies sich immer wieder, daß die Ortsbeschreibungen der ILIAS keineswegs aus der Luft gegriffen sind.

Nur in einem einzigen Punkt schien »Homer« den Mund etwas voll genommen zu haben: Er schildert Troja als große, mächtige, stark befestigte Stadt, die einem aus zahlreichen griechischen Fürstentümern zusammengetrommelten Heer trotz ungemein verlustreicher Schlachten zehn Jahre lang standhielt. Doch auf dem Hügel von Hisarlik ist kein Raum für eine solche Stadt; er hat kaum die Fläche eines Sportplatzes!

Seit der 1988 begonnenen Grabungskampagne der Universität Tübingen hat sich auch dieser scheinbare Widerspruch erledigt: Es gelang nämlich der Nachweis, daß zur stark befestigten Burgsiedlung Troja im 13. Jahrhundert vor Christus eine Unterstadt gehörte, die sich über 200 000 Quadratmeter erstreckte. In jenem 13. Jahrhundert soll auch der männermordende Krieg getobt haben, den nicht nur die beiden großen Heldenlieder behandeln, sondern um den sich auch ein ganzer Kranz kleinerer, heute verlorener Epen rankte und den die griechischen Historiker als ein geschichtliches Faktum ansahen. Gibt es also noch einen Grund, daran zu zweifeln, daß die ILIAS – wie Heinrich Schliemann fest glaubte – einen historischen Kern hat?

Einen solchen Grund gibt es sehr wohl, denn bisher fehlt es an archäologischen Beweisen für jenen Krieg und die anschließende Zerstörung der Stadt.

Was Schliemann an Indizien für schwere Brandkatastrophen zusammentrug, entdeckte er in den ältesten Schichten des immer wieder neu besiedelten Burghügels, auf dem sich zwischen 2500 und 2200 vor Christus ein ummauerter Fürstensitz befand. Dieser wurde zweimal durch Brand vernichtet, und in seinen Ruinen fand Schliemann jenen berühmten »Schatz des Priamos«, den die Russen zur Zeit als Beutekunst beanspruchen und der für zahlreiche politische Verwicklungen gesorgt hat.

Troja Nummer VI, das »homerische« Troja, wurde zwar auch zerstört, aber durch ein heftiges Erdbeben. Die folgenden Siedlungsschichten lassen erkennen, daß nach dieser Katastrophe mit dem Ort kein rechter Staat mehr zu machen war.

Um 1100 vor Christus wurde die letzte, eher dörfliche Ansiedlung sogar völlig aufgegeben. Danach lag Troja für mehrere Jahrhunderte in Trümmern. Diese hat der ILIAS-Dichter entweder selbst gesehen oder sich darüber detailliert berichten lassen – und dann, so mag man den Faden weiterspinnen, entfesselte seine Phantasie um die einst mächtigen Mauern ein Kampfgeschehen, das in Wirklichkeit nie stattgefunden hat, das aber schon lange vor ihm als Krieg um Troja besungen wurde.

Vielleicht, kann man nun einwenden, hat die Erinnerung an jene Zerstörungen des 3. vorchristlichen Jahrtausends doch irgendwie die Zeiten überdauert, vielleicht ist der Schatz in Moskau tatsächlich der Schatz des Priamos.

Ganz auszuschließen ist eine solche Annahme nicht, obwohl die 1500 Jahre, die zwischen jenen Brandschatzungen und der Entstehung der ILIAS liegen, wild bewegt waren und obwohl die damaligen Eroberer des Ortes, den wir Troja nennen, keine Griechen gewesen sein können: Die ältesten griechischen Stämme traten nämlich erst ab 1800 vor Christus als Eroberer auf; sie unterwarfen ein nichtindoeuropäisches Kulturvolk, das sich bereits einer bisher noch

Bild einer versunkenen Welt

Dadurch, daß unser(e) Dichter auf einen reichen Vorrat an Überlieferungen zurückgreifen konnte(n), erklärt es sich auch, daß die dargestellten Verhältnisse sich ganz erheblich von denen unterscheiden, die zur Entstehungszeit der beiden großen Epen tatsächlich bestanden.

So benützen die Belagerer von Troja das Pferd nie als Reittier, sondern schirren es an den Streitwagen. Sie werden immer als Danaer oder Achaier, nie aber – wie später – als Hellenen bezeichnet. Die Schiffe, die sie zur Überfahrt nach Kleinasien verwenden, sind schwerfällige, bei Gegenwind völlig hilflose Kästen, und auch der Anker ist noch nicht erfunden.

Wenn Homers Helden sich ihr Abendessen schmecken lassen, sitzen sie auf hohen Stühlen und legen sich nicht auf Liegen, wie es die Griechen später taten.

Aufgetragen wird vor allem Gebratenes: Hammel, Rind und Schwein, aber kein Geflügel, kein Fisch. Das Huhn, dieses

nicht entzifferten Schrift bediente, und gründeten jene Burgen, als deren Könige die Helden der ILIAS genannt werden.

Die mächtigen Mauern von Mykene und Tiryns lassen ahnen, daß die Herrschaft der Eindringlinge nicht unangefochten war. Es waren aber nicht die Unterworfenen, die schließlich jene Burgen stürmten, sondern der kriegerische Stamm der Dorer, der um 1000 vor Christus auf der Bühne der Geschichte erschien. Die dorische Wanderung erschütterte die Welt der frühen Griechen in ihren Grundfesten und hatte zwei »dunkle Jahrhunderte« zur Folge.

Doch in diesen Jahrhunderten, über die die Historiker mangels Materials nichts Bemerkenswertes aussagen können, blühte offensichtlich die mündliche Überlieferung von Götter- und Heldengeschichten. Damals – und nur für uns

liebe, gackernde Haustier, kommt bei Homer nicht vor! Beachtung verdient auch die Rolle, die in den großen Epen die Frauen spielen, zumal wenn man bedenkt, wie beschränkt deren Rechte und Entfaltungsmöglichkeiten in klassischer Zeit waren.

Aus alldem ergibt sich, daß »Homer« nicht die eigene Zeit zum Modell für die ferne Vergangenheit genommen hat, sondern daß er, geleitet von den Quellen, aus denen er schöpfte, das Bild einer längst untergegangenen Gesellschaft entwarf. Dabei vermischte sich notwendigerweise Märchenhaftes mit historischen Reminiszenzen: Daß Agamemnon, der Führer des Griechenheers vor Troja, nur Erster unter Gleichen ist, glaubt man angesichts der späteren Kleinstaaterei und des ausgeprägten Individualismus der Griechen gern. Dagegen kommen einem Könige, die selbst den Pflug führen, selbst ihr Ehebett zimmern und nichts dabei finden, auch einmal selbst ein Schwein zu schlachten, doch etwas seltsam vor.

»im dunkeln« – sammelte sich der Stoff, aus dem »Homer«
sein Riesenwerk gestalten konnte.

Der größere Rahmen

Wer glaubt, in der ILIAS werde der Kampf um Troja von seinem Ausbruch bis zum späten Ende behandelt, liegt richtig
und falsch zugleich – richtig insofern, als der Anlaß des
Konflikts mehrfach genannt und die Zerstörung Trojas als
gewiß angenommen wird, falsch deswegen, weil die eigent-
liche Handlung der ILIAS sich auf ganze 51 Tage des zehn-
ten Kriegsjahrs beschränkt.

Was vorher geschah und was noch geschehen wird, setzt
der Dichter als bekannt voraus. Oft genügen ihm knappe
Anspielungen, um seinem Publikum bestimmte Sach-
verhalte und Zusammenhänge ins Gedächtnis zu rufen.
Dabei geht er nicht selten über den trojanischen Sagenkreis
hinaus:

Im 7. Gesang wird auf die Fahrt der Argonauten ange-
spielt, im 9. die Geschichte von Meleagros und der Jagd auf
den Kalydonischen Eber als Argumentationshilfe in eine
Rede eingebaut, im 23. ist vom Begräbnis des Oidipus die
Rede, im 24. fordert Achilleus den alten König Priamos
auf, er solle doch etwas essen. Schließlich habe auch Niobe,
trotz des Todes all ihrer Kinder, nach neun Tagen wieder
Nahrung zu sich genommen. Besonders häufig werden die
Taten und Schicksale des Superhelden Herakles erwähnt.

Hinweise dieser Art lassen erahnen, wie tief in der Vergangenheit verwurzelt die griechischen Mythen sind, die
wir heute noch kennen. Sie wurden sicherlich über Genera-
tionen hinweg mündlich tradiert, ehe sie aufgezeichnet
wurden und zu dem Epenkreis (»Kyklos«) zusammen-

wuchsen, dem später die großen Tragiker ihre Stoffe ent-
nahmen. Insgesamt fielen die kyklischen Dichtungen, die
zu einem Teil Homer zugeschrieben wurden, im Vergleich
mit ILIAS und ODYSSEE deutlich ab. Aus diesem Grunde ge-
rieten sie im Laufe der Zeit in Vergessenheit und gingen bereits in der Antike verloren.

Bei dem Versuch einer Rekonstruktion des gesamten
trojanischen Sagenkreises sind wir darum auf Bruchstücke,
Zitate, Inhaltsangaben und die Spiegelungen bei »Homer«
selbst angewiesen.

Eine davon finden wir im 18. Gesang der ILIAS (428 bis
435): Da beklagt sich die Meergöttin Thetis bitter bei dem
Schmiedegott Hephaistos, daß Zeus sie in das Bett eines
Sterblichen gezwungen habe: »Ich mußte es ertragen«,
sagt sie, »obwohl es mir ganz und gar zuwider war.« Was
Homer hier als bekannt voraussetzt, ist dies: Thetis wurde
sowohl von Zeus wie von Poseidon heftig umworben, bis
beide erfuhren, daß die Schöne einen Sohn zur Welt bringen solle, der seinem Vater weit überlegen sein werde.

Zeus, der den eigenen Vater entthront hatte, mußte vor
einem solchen Sprößling begründete Angst haben und
arrangierte die Verbindung der Meerfrau mit einem Sterblichen, Peleus.

Zur Hochzeit wurden alle Göttinnen und Götter eingeladen außer Eris, die Zwietracht. Diese kam trotzdem, un-
eingeladen, und warf einen goldenen Apfel in den Festsaal.
»Der ist für die Schönste!« rief sie und ging unter gellen-
dem Gelächter. Gleich darauf gab es einen heftigen Streit
zwischen Hera, Athene und Aphrodite, die alle drei nach
dem Apfel griffen. Da Zeus in dieser delikaten Angelegen-
heit keine Entscheidung treffen wollte, befahl er seinem
Sohn Hermes, er solle die Streitenden zu dem Hirten Paris
bringen, der auf dem Berg Ida gerade Rinder hütete.

Paris war kein gewöhnlicher Hirte, sondern ein Sohn des Königs Priamos von Troja. Man hatte ihn kurz nach der Geburt in der Wildnis ausgesetzt, denn Traumdeuter und Seher hatten verkündet, er werde Trojas Untergang verschulden. Aber Paris blieb am Leben, weil eine Bärin ihn säugte. Später fanden ihn Hirten und zogen ihn auf.

Paris staunte nicht schlecht, als plötzlich Hermes mit den drei Göttinnen vor ihm stand, von denen jede seine Entscheidung zu beeinflussen suchte. Hera versprach ihm Macht, wenn er ihr den Apfel gebe, Athene Weisheit, Aphrodite aber die schönste Frau der Welt. Nach kurzem Überlegen reichte Paris der Liebesgöttin den Apfel. Diese lächelte verheißungsvoll, doch Hera und Athene entfernten sich grollend.

Ein Zufall führte Paris in die Stadt Troja, wo er als der längst totgeglaubte Prinz erkannt und trotz der Warnungen seiner seherisch begabten Schwester Kassandra wieder in die Königsfamilie aufgenommen wurde. Nun erfuhr er auch, wer die schönste Frau der Welt war: Helena, die Königin von Sparta!

Sie war mit Menelaos, einem Bruder des mächtigen Königs Agamemnon von Mykene, verheiratet, doch das störte Paris wenig: Er reiste mit reichen Geschenken nach Griechenland, verdrehte mit seinem Charme der schönen Königin den Kopf und entführte sie! Um ihm seine Beute zu entreißen, sammelten Menelaos und Agamemnon ein gewaltiges Heer, mit dem sie nach einigen Schwierigkeiten an der kleinasiatischen Küste landeten.

Nach einem ersten Gefecht mit den Trojanern schlugen sie dort ein befestigtes Lager auf, doch ihre Hoffnungen auf einen raschen Sieg zerschlugen sich ebenso wie Versuche, den Konflikt durch Verhandlungen zu lösen. Neun Jahre lagen sie vor den Mauern der anscheinend uneinnehmbaren

Stadt oder plünderten bei Raubzügen die Umgebung. Auf einer dieser Razzien fiel ihnen ein wunderschönes Mädchen in die Hände, Chryseis, die Tochter eines Priesters.

Als kostbarste Beute erhielt sie König Agamemnon.

Die Ilias

Streit unter Fürsten

> »Den Zorn besinge, Göttin,
> des Peleussohnes Achilleus,
> den verderblichen,
> der zehntausendfaches Leid
> über die Griechen brachte.«

So, mit dem im Epos üblichen Musenanruf, beginnt die ILIAS und führt damit mitten hinein ins zehnte Kriegsjahr. Vor ein paar Tagen war jener Priester, der Vater des Mädchens Chryseis, mit den Zeichen seiner Würde im griechischen Heerlager erschienen und hatte für die Freigabe seiner Tochter ein hohes Lösegeld versprochen.

Agamemnon jedoch hatte ihn barsch abgewiesen: »Verschwinde und laß dich nie mehr blicken, sonst geht es dir schlimm! Deine Tochter aber bleibt hier.«

Der Alte ging, doch kaum hatte er das Lager verlassen, da betete er zu Apollon, er solle die ihm angetane Schmach rächen, und der göttliche Schütze ließ sich nicht lange bitten. Erst traf er mit seinen tödlichen Pfeilen die Hunde und Maultiere, dann starben die Menschen wie bei einer Pest. In dieser Not fragte Agamemnon den Seher Kalchas um Rat, und der empfahl ihm, das Mädchen Chryseis schleunigst ihrem Vater zurückzugeben. Agamemnon sträubte sich erst, doch schließlich war er zum Nachgeben bereit, wenn

So sagt es Homer: Achill zieht vom Leder

»Du Trunkenbold, du feiger Hund, du Kerl mit dem Herz eines Hasen! Du ziehst nie in den Krieg, liegst nie mit den Männern auf Lauer, nein, das traust du dich nicht – es könnte ja tödlich für dich ausgehen! Außerdem ist's viel bequemer, hier im Lager anderen ihre Ehrengeschenke wegzunehmen, vor allem dann, wenn einer mal gegen dich aufmuckt! Du bist mir ein schöner König, der seine Leute arm frißt! Zum Glück für dich taugen sie nichts, sonst wäre das heut' deine letzte Gemeinheit gewesen. Das aber schwöre ich dir: So sicher wie der Stab, den ich hier trage, nie mehr Blätter treiben wird, so sicher mache ich für dich keinen Finger mehr krumm!
Ja, man wird mich noch vermissen, und wenn der männermordende Hektor deine Leute in Scharen niedermacht, dann wirst du's bereuen, daß du dem besten Mann im Heer so übel mitgespielt hast!«
(Wie alle Zitate aus ILIAS und ODYSSEE frei übertragen von Gerhard Fink)

er Ersatz erhalte: Achilleus sollte ihm seine Lieblingssklavin Briseis abtreten. Davon wollte Achill natürlich nichts wissen; es gab einen heftigen Wortwechsel, und es wäre wohl Blut geflossen, wenn nicht die Göttin Athene – allen anderen unsichtbar – den jungen Helden zur Besonnenheit gemahnt hätte.

Trotz der deutlichen Drohung Achills, nicht mehr am Kampf teilzunehmen, wenn ihm Briseis genommen werde, setzte Agamemnon seinen Willen durch und ließ das Mädchen abholen. Achill aber beklagte sich bitter bei seiner göttlichen Mutter über die Schmach, die ihm angetan worden war, und sie versprach, ihm Genugtuung zu verschaffen. Thetis hatte bei Zeus einen dicken Stein im Brett, weil sie ihm einmal aus der Patsche geholfen hatte, als mehrere Götter gegen ihn rebellierten. Sie brauchte darum den Göttervater nicht lange zu bitten; schon in der folgenden Nacht sandte er Agamemnon einen trügerischen Traum, der ihm Hoffnung auf einen raschen Sieg machen sollte.

Auf in den Kampf

Am nächsten Morgen ließ der König sein Heer antreten und wollte die Kampfbereitschaft der Leute testen, indem er sich zuerst so stellte, als werde er die Belagerung abblasen. Doch wenn er gemeint hatte, damit auf Widerspruch zu stoßen, hatte er sich getäuscht: Unter Freudengeheul rannten die Männer los zu den Schiffen!

Zum Glück für Agamemnon griff Odysseus ein, rief die Davonstürmenden zurück und überredete sie, sich wieder hinzusetzen. Einen unverschämten Stänkerer namens Thersites brachte Odysseus mit einem Stockhieb zum Schweigen, dann sprach er von den Zeichen und Wundern, die den Sieg über Troja verhießen.

Wenig später rückte das griechische Aufgebot gegen Troja vor, die Trojaner aber öffneten ihre Tore und zogen ihm entgegen. Schon standen sich beide Heere kampfbereit gegenüber, da trat Paris vor und forderte den tapfersten Griechen zum Zweikampf heraus. Menelaos hörte das mit Vergnügen: Endlich, nach neun langen Jahren, konnte er dem frechen Entführer seine Tat heimzahlen!

Er sprang von seinem Streitwagen und wollte sich auf Paris stürzen, doch den ergriff kalte Furcht, er wich zurück und versteckte sich zwischen den eigenen Leuten. Erst als ihm Hektor kräftig den Kopf wusch, riß er sich zusammen und war bereit, gegen Menelaos anzutreten. Dabei zeigte sich rasch, wer der bessere Mann war, und Paris hätte an diesem Tag den Tod gefunden, wäre ihm nicht die Liebesgöttin Aphrodite, die ja an allem schuld war, zu Hilfe gekommen. Schon schleifte ihn Menelaos als leichte Beute über den Kampfplatz – da hatte er plötzlich nur noch den Helm in der Hand. Ihren Schützling Paris aber brachte Aphrodite in seinen Palast, dort hielt er sich mit Helena an die Parole: »Make love, not war.«

Währenddessen waren die Götter auf dem Olymp übereingekommen, daß der Krieg weitergehen solle. Athene bekam den Auftrag, einen der Trojaner zum Bruch der Waffenruhe zu verleiten, die vor dem Zweikampf vereinbart worden war. Tatsächlich brachte sie den berühmten Bogenschützen Pandaros dazu, einen Pfeil auf Menelaos abzuschießen, der als Sieger über Paris seine Frau zurückverlangte. Zugleich verhinderte Athene, daß der Pfeil ernsten Schaden anrichtete; ihr reichte es, daß bald wieder die Schlacht tobte, in der sich Diomedes aus Argos besonders hervortat.

Wie ein Wirbelsturm raste er mit seinem Streitwagen über das Schlachtfeld und machte alles nieder, was sich ihm in den Weg stellte. Nicht einmal ein Pfeil des Pandaros konnte ihn lange aufhalten: Kaum hatte ihm sein Wagenlenker das Geschoß aus der Schulter gezogen, da stürzte sich Diomedes noch wütender als vorher in die Schlacht und erschlug die Trojaner in Scharen. Auch Pandaros erlegte er, und als Aineias dessen Leiche bergen wollte, zerschmetterte Diomedes seine Hüfte mit einem mächtigen Felsblock.

Den Verwundeten wollte seine göttliche Mutter Aphrodite vom Schlachtfeld tragen, doch Diomedes, dem Athene die Augen geöffnet hatte, konnte sie sehen und verwundete sie mit seinem Speer! Da ließ sie ihren Sohn fallen und floh, doch zum Glück war Apollon nicht weit und beschützte Aineias. Als Aphrodite auf den Olymp zurückkehrte, mußte sie sich spitze Bemerkungen von Hera und Athene anhören, und Zeus meinte lachend, sie solle sich künftig auf das Ehestiften beschränken.

Während die Götter so miteinander sprachen, versuchte Diomedes immer wieder, Aineias dem Apollon zu entreißen, und gab erst auf, als dieser ihn mit schrecklicher Stimme an seine Sterblichkeit erinnerte. Der Gott aber trug Aineias in seinen Tempel, wo Artemis und Leto ihn heilten. Dann bat er seinen Bruder, den Kriegsgott Ares, der bisher dem Kampf nur untätig zugesehen hatte, er solle doch Diomedes vom Schlachtfeld vertreiben. Sofort mischte sich Ares unter die Trojaner und machte ihnen Mut. Auch Aineias kam zurück, unverletzt und voller Kraft, so daß alle staunten. Hektor aber setzte den Griechen derart zu, daß sogar Diomedes zurückwich.

Nun bekamen die Trojaner Oberwasser und trieben ihre Feinde vor sich her. Daraufhin griffen Athene und Hera in den Kampf ein, letztere in Gestalt des Stentor, der so laut wie fünfzig Männer schreien konnte, und warf den flüchtenden Griechen Feigheit vor. Athene aber wandte sich an Diomedes, der eben seine Wunde kühlte: »Du bist nicht so ein Kerl wie dein Vater Tydeus; der war ein Kämpfer – du aber hast anscheinend Angst.«

»Ich erkenne dich, Athene«, erwiderte Diomedes, »und versichere dir, daß ich mich nicht fürchte. Ich will nur nicht weiter gegen Götter kämpfen.«

»Aber dem Ares«, meinte Athene, »dem könntest du doch einen Denkzettel verpassen. Ich helfe dir dabei!« Sie sprang auf den Streitwagen des Diomedes, ergriff die Zügel und fuhr auf Ares los. Der warf seinen Speer, traf aber nicht, weil Athene das Geschoß abfing. Zugleich lenkte sie die Lanze des Diomedes so, daß sie dem Gott in den Leib fuhr. Ares brüllte wie zehntausend Männer und stürmte auf den Olymp zurück. Als er dort seinem Vater Zeus die Wunde zeigte, meinte dieser: »Winsele jetzt nicht herum, du Widerling! Du kennst doch nichts als Mord und Streit, bist genauso unbändig wie deine Mutter. Sei froh, daß du mein Sohn bist; ich würde dich sonst Hals über Kopf in die unterste Unterwelt feuern!«

Widerwillig ließ er den Götterarzt Paieon kommen; der heilte im Augenblick die Wunde des Ares. Auch Athene und Hera kamen nach der Flucht des Kriegsgotts auf den Olymp zurück und zeigten deutlich ihre Schadenfreude. Vor Troja aber trieben Diomedes und Aias, der Sohn des Telamon, die Trojaner von den Schiffen weg und töteten viele von ihnen, so daß Hektor fast verzweifelte.

Hinter Trojas Mauern

Auf den Rat seines Bruders Helenos, der sich darauf verstand, die Zukunft zu deuten und den Willen der Götter zu erkunden, kehrte Hektor in die Stadt zurück und bat seine Mutter, sie solle die Frauen zu einem Bittgang versammeln und durch Opfer und Gebete die Göttin Athene gnädig stimmen, damit sie Diomedes nicht weiter schütze. Doch weder Opfer noch Gebete vermochten Athene umzustimmen.

Da er schon einmal in der Stadt war, suchte Hektor nach seinem Bruder Paris und fand ihn bei Helena. »Es ist eine Schande«, knurrte er, »daß du gemütlich zu Hause sitzt, während vor den Mauern unsere Männer fallen. Los, nimm deine Waffen und komm mit! Deinetwegen haben wir doch diesen Krieg am Hals!« »Ich hab' mich geschämt«, entschuldigte sich Paris, »weil ich mich im Zweikampf blamiert habe. Das war dumm von mir. Doch jetzt lege ich gleich wieder meine Rüstung an. Warte also hier auf mich, oder geh voraus. Ich komme ganz bestimmt.«

Während Paris ging, um seine Waffen zu holen, beklagte sich Helena bitter darüber, daß sie wegen eines elenden Feiglings ihren Mann verlassen und soviel Unheil über Troja gebracht habe.

Dann bat sie Hektor, sich doch etwas Ruhe zu gönnen. Der aber schüttelte den Kopf und sagte: »Ich muß zurück zu meinen Leuten. Vorher aber will ich noch nach meiner Frau und dem Kleinen schauen. Vielleicht ist's das letzte Mal, daß ich die beiden sehe.«

In seinem Haus fand Hektor die Gesuchten nicht, denn Andromache hatte voll Sorge um ihn einen Turm bestie-

So sagt es Homer: Hektor und Andromache

(Andromache:) »Unbegreiflicher Mensch, dein Mut wird dich noch das Leben kosten! Hast du denn kein Herz für deinen kleinen Sohn und für deine arme Frau? Bald bin ich Witwe, denn bald werden dich die Griechen erschlagen, wenn sie alle zusammen gegen dich anrennen! Wenn ich dich aber nicht mehr habe, dann wäre der Tod noch das Beste für mich – wer könnte mich auch trösten? Ich habe keine Eltern mehr, denn meinen Vater und meine sieben Brüder hat Achilleus getötet, als er unsere Stadt gestürmt und verwüstet hat. Meine Mutter hat er als Sklavin fortgeschleppt, hierher ins Lager der Griechen.

Zwar hat er sie gegen ein hohes Lösegeld freigegeben, doch sie hatte nicht mehr lange zu leben. Darum mußt nun du, Hektor, mir Vater und Mutter und meine Brüder ersetzen. Also hab' Mitleid und bleibe! Mach' mich nicht zur

gen, ihn aber nicht unter den Kämpfenden entdeckt. Nun war sie mit einer Dienerin und ihrem Söhnchen Astyanax schon wieder auf dem Heimweg, als ihr Hektor entgegenkam. Während er lächelnd sein Kind betrachtete, nahm ihn Andromache bei der Hand und bat ihn unter Tränen, er solle doch nicht immer wieder sein Leben aufs Spiel setzen: Eines Tages würden ihn die Feinde töten, und dann hätte sie niemanden mehr auf der Welt.

Hektor seinerseits sagte, er müsse sich schämen, wenn er nicht seine Pflicht täte, obwohl ihm bewußt sei, daß er Trojas Untergang letztlich nicht verhindern könne. Der aber bekümmere ihn weniger als Andromaches künftiges Schicksal.

Nach diesem Gespräch wollte Hektor sein Söhnchen in die Arme nehmen. Das aber begann zu weinen, denn es fürchtete sich vor dem Helmbusch seines Vaters. Da setzte

Witwe, dein Kind nicht zur Waise!« (Hektor:) »Auch mir liegt das alles schwer auf der Seele, doch ich müßte mich vor unseren Leuten schämen, wenn ich mich aus dem Kampf heraushielte. Ich kann es einfach nicht, denn ich habe gelernt, mich tapfer zu schlagen und immer in vorderster Reihe zu stehen. Das bin ich meinem Vater und mir selbst schuldig. Eines aber weiß ich gewiß: Der Tag wird kommen, an dem Troja untergeht, Priamos selbst und sein ganzes Volk. Doch schmerzt mich das Schicksal von Vater und Mutter und von allen Trojanern nicht so sehr wie das deine: Ja, irgendein Grieche wird dich mit sich fortführen, ungerührt durch deine Tränen. Dann wirst du in Argos am Webstuhl stehen oder Wasser tragen, und manch einer, der dich so sieht, wird sagen: ›Das ist die Frau des Hektor, des tapfersten Trojaners.‹ Hoffentlich bin ich dann längst tot und begraben, damit ich deine Tränen nicht sehen, deine Hilferufe nicht hören muß.«

Hektor den Helm ab, ließ sich den Kleinen geben und wiegte ihn in den Armen. Dabei betete er laut: »Zeus und ihr Götter alle, laßt meinen Sohn so werden, wie ich bin, und laßt ihn machtvoll über Troja herrschen, daß die Leute sagen: ›Er ist noch tüchtiger als sein Vater!‹«

Darauf gab er Andromache das Kind zurück, strich ihr zärtlich über das Haar und suchte sie zu trösten: »Arme Frau, du solltest dir nicht zu viele Gedanken machen, denn gegen den Willen der Götter wird mich kein Grieche töten können! Irgendwann freilich ereilt uns alle das Schicksal. Bitte geh nun heim und sieh zu, daß die Mägde fleißig ihre Arbeit tun. Den Krieg aber laß meine Sorge sein!«

Während sich Hektor rasch entfernte, holte ihn Paris ein. Er trug eine schimmernde Rüstung und gab sich kampfbereit und zuversichtlich. Hektor freute sich darüber, denn es traf ihn persönlich, wenn er hörte, einer seiner Brüder sei ein Feigling.

Bald standen beide wieder im Gefecht, und Paris machte diesmal eine recht gute Figur.

Zeus spricht ein Machtwort

Als Athene vom Olymp aus sah, wie Hektor unter den Griechen wütete, stürmte sie auf das Schlachtfeld. Dort traf sie Apollon, der – anders als sie – mit dem Gang der Dinge höchst zufrieden war. »Wahrscheinlich«, meinte der Gott, »kommst du, um den Griechen zu helfen. Heute aber schenkt Zeus den Trojanern den Sieg. Halte dich also wenigstens jetzt ein bißchen zurück!«

»Meinetwegen«, entgegnete Athene, »doch dieses fürchterliche Gemetzel sollten wir stoppen.« »Einverstanden!

Wir bringen Hektor dazu, den tapfersten Mann im Grie-
chenheer zum Zweikampf zu fordern.« Den Willen der beiden Olympier erahnte Helenos, ein seherisch begabter Sohn

Die Götter mischen mit

Zeus, der Chef im Olymp, hat im Prinzip nichts gegen Troja,
schließlich ist er selbst der Ahnherr der trojanischen Könige.
Andererseits findet er, daß es wegen sterblicher Menschen
nicht ständig Krach zwischen den Unsterblichen geben sollte, und ist darum bereit, der göttlichen Anti-Troja-Fraktion
ihren Willen zu lassen. Angeführt wird diese von Hera und
Athene, die es beide noch immer wurmt, daß Paris, der rin-
derhütende Königssohn, sie bei jenem Schönheitswettbe-
werb auf die Plätze verwies. Auch Poseidon hat noch ein
Hühnchen mit den Trojanern zu rupfen, weil er für den Bau
ihrer Mauern nicht den erhofften Lohn erhielt; doch ist er
lange nicht so rachsüchtig wie die beiden Damen und hilft
gelegentlich auch der Gegenseite.
Apollon hätte gleichfalls Grund, auf Trojas Vernichtung hin-
zuarbeiten – er wurde genau wie Poseidon geprellt –, doch
ist er nicht so nachtragend wie jener. Außerdem gibt es da
noch die Sache mit seinem Priester Chryses, den Agamemnon so böse abblitzen ließ, die ihn bewog, sich zur Trojaner-
Fraktion zu gesellen. Ebenso wie er halten es seine Mutter
Leto und seine Schwester Artemis; die beiden betätigen sich
unter anderem als Sanitätspersonal, als sie den verwundeten Aineias pflegen. Warum Aphrodite auf trojanischer Seite
steht, ist klar: Sie hat die ganze Geschichte mit Paris und
Helena schließlich eingefädelt. – Und Ares? Der Kriegsgott
empfindet Athene als lästige Konkurrenz in seinem ureigen-
sten Metier; also kann er unmöglich mit ihr an einem Strang
ziehen. Die anderen Götter lassen sich eher von ihren
Launen leiten, und manche halten sich ganz aus dem Ge-
rangel heraus, wie zum Beispiel Demeter oder Eos; und
Hephaistos greift nur ein, wenn man es ihm befiehlt.

des Priamos, und wandte sich so an seinen Bruder: »Hektor, ich weiß, daß du heute noch nicht fallen wirst. Darum kannst du unbesorgt jeden Griechen zum Kampf herausfordern. Es wird dir Ruhm bringen!«

Hektor ließ sich nicht lange bitten, rief seine Männer zurück und brachte auch die Griechen dazu, sich zu lagern. Als sie aber hörten, was er ihnen anbot, schwiegen alle betreten, denn keiner wollte sich im Kampf mit ihm messen. Endlich gab sich Menelaos einen Ruck und sagte, er wolle es versuchen, wenn schon sonst niemand genug Mumm habe. Die andern aber hielten ihn zurück, denn sie meinten, er habe keine Chance gegen Hektor.

Menelaos fügte sich gerne, doch nun nannte es der alte Nestor eine Affenschande, daß sich alle zu drücken suchten. »Wenn ich jünger wäre und noch die Kraft von früher hätte, würde ich mit Hektor kämpfen!«

Die Worte des Alten wirkten: Neun Männer traten vor und losten, wer gegen Hektor antreten sollte. Das Los fiel auf Aias, Telamons Sohn. Der rüstete sich und trat dem Trojaner entgegen.

»Schau her«, rief er, »es gibt in unserem Heer tapfere Männer, auch wenn Achill nicht mehr mitmacht. Also los, wirf du als erster!«

Hektor warf, und seine Lanze bohrte sich tief in den Schild des Aias. Nun sauste dessen Lanze durch die Luft, durchschlug den Rundschild Hektors und seinen Harnisch, verletzte ihn selbst aber nicht. Da rissen beide die Lanzen aus den Schilden und gingen damit aufeinander los. Hektor stieß die Waffe in den Schild seines Gegners, doch die Spitze verbog sich. Aias dagegen gelang es, Hektors Schild zu durchbohren und ihn leicht am Hals zu verletzen. Nun schleuderte Hektor einen mächtigen Feldstein und traf damit den Schildbuckel des Aias, daß das Erz dröhnte.

Darauf zerschmetterte der Grieche mit einem noch viel wuchtigeren Steinwurf Hektors Schild und brachte ihn selbst zu Fall. Apollon aber stand ihm bei, so daß er schnell wieder auf die Beine kam. Dann zogen beide die Schwerter, um den langen Kampf endlich zu entscheiden – doch da griffen die Kampfrichter ein und riefen, es sei genug.

»Ihr habt euch tapfer geschlagen. Nun aber wird es Nacht, ihr müßt aufhören.« Hektor und Aias waren damit einverstanden und überreichten einander wertvolle Ehrengeschenke. Danach zogen sich die Trojaner in die Stadt zurück, die Griechen in ihr Lager.

Während des Abendessens riet diesen der alte Nestor, sie sollten sich am nächsten Tag um die vielen Gefallenen kümmern und außerdem ihr Lager ummauern. Auch die Trojaner wünschten sich eine Kampfpause, und einer von ihnen, Antenor, forderte sogar die Herausgabe Helenas und ihrer Schätze. »Auf die Frau«, rief da Paris, »verzichte ich nie. Das Gold mögen sie haben. Ich lege sogar noch von eigenem dazu.«

Dieses Angebot wiesen die Griechen entrüstet zurück; der Waffenstillstand aber kam zustande, die Scheiterhaufen brannten, und in aller Eile wurde das Schiffslager befestigt. Am folgenden Morgen rief Zeus die Götter zusammen und verbot ihnen mit markigen Worten strickt, in den Kampf einzugreifen.

Danach schirrte er zwei unsterbliche Pferde an seinen Wagen und ließ sich ins Ida-Gebirge fahren, um den Kämpfen zuzusehen. Wie es sein Wille war, gewannen die Trojaner die Oberhand. Weder Agamemnon noch die beiden Aias hielten ihnen stand, der wendige Odysseus ergriff die Flucht, und hätte nicht wenigstens Diomedes einen kühlen Kopf behalten, wäre an diesem Tag der alte Nestor erschlagen worden.

So sagt es Homer: »Nehmt euch in Acht!«

(Zeus:) »Hört mich, ihr Götter und Göttinnen, und untersteht euch nicht, gegen meinen Willen zu handeln! Sobald ich sehe, daß irgendwer von euch heute den Trojanern oder den Griechen zu Hilfe kommt, werde ich ihn persönlich verprügeln und mit Schimpf und Schande nach Hause jagen, wenn ich ihn nicht sogar in den finsteren Tartaros werfe, in den Abgrund unter der Erde, wo die Tore von Eisen sind und ehern die Schwelle. Dann wird der Betreffende merken, um wie viel mächtiger ich bin als ihr alle zusammen! Ja, versucht es nur, macht eine goldene Kette am hohen Himmel fest und hängt euch alle daran! Ihr würdet es trotzdem nie schaffen, mich herabzuziehen. Aber sobald ich nur daran rucke, zieht's euch in die Höhe mit der ganzen Welt!
Um so viel stärker bin ich als ihr alle zusammen!«

Hektor triumphierte und rief nach Feuer, um damit die Schiffe der Griechen zu zerstören – da hielt es Hera und Athene nicht länger: Sie bestiegen ihre Streitwagen und wollten sich gegen das ausdrückliche Verbot des Göttervaters in den Kampf einmischen. Zeus aber sandte ihnen seine Botin Iris nach, drohte beiden mit schlimmsten Konsequenzen und nannte Hera eine Hündin.

Grollend fügten sich die Göttinnen und kehrten um. Die Griechen aber suchten voll Angst Schutz hinter dem Wall ihres Lagers, während das trojanische Heer die Nacht auf dem Schlachtfeld verbrachte und feierte, nicht anders als wäre der Kampf schon entschieden.

Alles vergebens?

Agamemnon war völlig verzweifelt und wieder einmal bereit, das ganze Unternehmen abzublasen. Diomedes aber sprach sich entschieden dagegen aus, und auch der alte Nestor drängte den König, sich doch wieder mit Achilleus zu vertragen. Zerknirscht gab Agamemnon zu, wie ein Idiot gehandelt zu haben, und versprach, den Gekränkten reich zu entschädigen.

Also wurden Aias, Odysseus und Phoinix, ein alter Freund des Achilleus, zu diesem gesandt, um das Angebot des Königs zu überbringen. Achill begrüßte und bewirtete sie freundlich, doch in der Sache blieb er hart: »Nie und nimmer werde ich Geschenke von Agamemnon annehmen. Er hat mich beraubt und tief gekränkt. Morgen fahre ich nach Hause; das ist auf jeden Fall besser für mich, als hier zu bleiben. Meine Mutter Thetis hat mir nämlich geweissagt, daß ich vor Troja zwar großen Ruhm, aber auch ein frühes Ende finden, in der Heimat aber lange leben werde. Nun denn, was soll mir der Ruhm? Ich gehe, und wenn ihr auf mich hört, dann besteigt auch ihr eure Schiffe. Troja werdet ihr nie erobern!« Agamemnons Abgesandte gaben sich alle Mühe, doch ihr gutes Zureden blieb vergeblich:

»Erst wenn Hektor Feuer in die Schiffe wirft«, erklärte Achill, »werde ich – vielleicht – wieder in den Kampf eingreifen.«

Agamemnon war über die schroffe Ablehnung seines Angebots tief bestürzt und sah nun der bevorstehenden Schlacht mit großer Sorge entgegen. »Man müßte«, dachte er sich, »einen Kundschafter ins Lager der Trojaner schicken, um herauszufinden, was sie vorhaben.« Gleich rief er die Griechenfürsten zu einer Beratung zusammen und trug

31

Die Akteure – kurz charakterisiert

Agamemnon, der König von Mykene, ist zwar Oberbefehls-haber des Griechenheers, hat aber, schon wegen seines Streits mit Achill, keinen leichten Stand. Er neigt zu übereil-ten Entscheidungen und will manchmal mit dem Kopf durch die Wand, um gleich danach die Flinte ins Korn zu werfen. Wäre es nach ihm gegangen, dann hätten die Griechen Troja nie besiegt. Doch zum Glück gibt es den schlauen Odysseus, der fest an den Sieg glaubt, und den tapferen Diomedes. Diese beiden setzen im Bedarfsfall Agamemnon den Kopf zurecht und nehmen dabei kein Blatt vor den Mund. Sie zweifeln ganz offen an seinem Verstand, nennen ihn ei-nen elenden Feigling und ergreifen kurzerhand selbst die Initiative, wenn sonst nichts vorangeht.

Achilleus, unbestritten der beste Mann im Heer, hat erst ge-gen Ende der ILIAS seine großen Auftritte. In neunzehn von vierundzwanzig Gesängen streikt er und empfindet grimmi-ge Genugtuung, wenn sich die Griechen im Kampf blutige Köpfe holen. Als ihn schließlich der Tod seines besten Freun-des dazu bringt, Agamemnons Versöhnungsangebot anzu-nehmen, erweist er sich als mitleidsloser Killer, als eine mör-derische Kampfmaschine, vor der es selbst den Göttern graust. Erst ganz am Schluß der ILIAS wird erkennbar, daß in seiner eisengepanzerten Brust noch ein menschliches Herz schlägt.

ihnen vor, was er für nötig hielt. Nach kurzer Überlegung bot sich Diomedes an und wählte den schlauen Odysseus als Begleiter.

»Wir beide schaffen es«, meinte er, »denn dieser Mann da ist nie um einen guten Einfall verlegen.« Noch in der Nacht zogen die beiden los, und wie es der Zufall wollte, fiel ihnen ein Trojaner namens Dolon in die Hände, den Hektor als Spion ausgeschickt hatte. Zitternd vor Angst bat er um Schonung, und Odysseus sagte: »Hab keine Angst, wir tun dir nichts, wenn du unsere Fragen aufrichtig beantwortest. Also: Wo ist jetzt Hektor, wo sind die Trojaner, wo stehen ihre Verbündeten?«

»Hektor und seine Leute sitzen um ihre Lagerfeuer und sind hellwach«, erklärte Dolon. »Die Bundesgenossen aber schlafen abseits von ihnen und haben keine Feuer angemacht. Sie vertrauen auf Hektors Schutz. Wenn ihr euch an das Lager heranschleicht, trefft ihr zuerst auf den Thraker-Fürsten Rhesos. Er ist mit seinen Leuten eben angekommen und vom langen Weg ermüdet. Oh, er hat schneeweiße Pferde, die sind schnell wie der Wind, dazu einen Streitwagen, der von Gold und Silber glänzt, und eine prachtvolle goldene Rüstung.«

»Gut, wir wissen genug«, sagte Diomedes, »und wenn du geglaubt hast, wir würden dich nun laufen lassen, hast du dich eben getäuscht.« Bei diesen Worten schlug er Dolon den Kopf ab. Dann schlich er sich mit Odysseus in das Lager der Thraker, die fest schliefen. Diomedes erschlug eine ganze Reihe von ihnen im Schlaf, auch ihren König, während Odysseus die Pferde losband. Dann kehrten sie ins Griechenlager zurück.

Am folgenden Morgen führte Agamemnon selbst seine Leute gegen die Trojaner, die eine Anhöhe besetzt hielten. Trotz erbitterter Gegenwehr mußten die Trojaner zurückweichen. Zeus aber, der auch an diesem Tag Hektor siegen lassen wollte, sandte seine Botin Iris zu ihm und versprach ihm Hilfe.

Das erfüllte Hektor mit neuer Zuversicht, und als gar Agamemnon verwundet wurde, gab es für ihn kein Halten mehr. Wie ein Wirbelwind raste er über das Schlachtfeld, bis er an Diomedes geriet: Der traf ihn mit einem Speerwurf, so daß er vom Wagen stürzte. Paris aber schoß einen

Pfeil ab, der den rechten Fuß des Diomedes durchbohrte, ihn zum Rückzug zwang und Hektors Leben rettete. Odysseus allein hielt noch stand, aber auch er wurde schließlich verwundet und mußte weichen. Menelaos und Aias gaben ihm Deckung, doch selbst dem starken Aias schien es nicht geraten, sich auf einen neuen Kampf mit Hektor einzulassen.

Langsam zog er sich zu den Schiffen zurück, um wenigstens dort die Trojaner abzuwehren. Diese griffen die Mauer an, die man auf Nestors Rat um das Lager gezogen hatte, und suchten, Breschen zu schlagen. Nach erbittertem Kampf gelang es Hektor, bis zum Haupttor vorzudringen. Da packte er einen mächtigen Stein, den ein gewöhnlicher Mensch nie hätte heben können. Zeus aber verlieh ihm Kraft, so daß er den Felsblock mit Wucht gegen das Tor schleudern konnte. Krachend brachen auf beiden Seiten die Angeln, die Riegel sprangen auf, die Türflügel zersplitterten – und Hektor stürmte ins Lager, gefolgt von seinen Leuten.

Von einem Berg sah das Poseidon und beschloß, den Griechen zu helfen, auch wenn es Zeus verboten hatte. Er nahm die Gestalt des Sehers Kalchas an und hielt eine flammende Ansprache, die den Kämpfenden neue Zuversicht gab.

Zeus wird bezirzt

Auch Hera sah mit Sorge, was auf Erden geschah, und überlegte sich, was sie tun könne. Schließlich zog sie ihr schönstes Kleid an, parfümierte sich mit duftender Ambrosia und nahm sich fest vor, bei Zeus alle ihre Verführungskünste spielen zu lassen. »Zwar kann ich ihn nicht ausstehen«, dachte sie, »doch es muß sein. Hinterher schläft er immer tief und fest – dann habe ich freie Hand!«

Um ganz sicher zu gehen, lieh sie sich Aphrodites reizvollen Büstenhalter aus, der heißes Verlangen weckt. Dann suchte sie den Gott des Schlafs auf, der ihr dabei helfen sollte, Zeus außer Gefecht zu setzen. Der hatte bei einem ähnlichen Unternehmen bereits schweren Ärger bekommen und sträubte sich dementsprechend, doch schließlich konnte ihn Hera überreden, mit auf das Ida-Gebirge zu kommen, von wo aus Zeus auf Troja hinabsah. Während sich der Schlafgott in einer alten Fichte verkroch, ging Hera auf Zeus zu – und gleich stand dieser in Flammen. »Wohin«, rief er, »willst du gerade gehen, meine Liebe? Kommst du etwa zu mir?«

»Nein«, meinte Hera, »ich wollte einmal wieder Okeanos und Tethys besuchen ...« »Das hat Zeit«, entgegnete Zeus. »Bleib doch und lege dich zu mir, denn wir haben schon viel zu lange nicht mehr ...«

»Du Schwerenöter«, sagte Hera und lächelte listig. »Da, auf der Bergwiese, wo uns alle Götter sehen können? Nein, ich müßte mich ja zu Tode schämen! Doch wenn du deinen Willen unbedingt haben mußt, dann gehen wir eben nach Hause. Dort sind wir ungestört.«

»Du brauchst keine Angst zu haben, daß uns hier jemand sieht«, versicherte Zeus. »Ich werde uns ganz in goldene Wolken hüllen: Darauf verstehe ich mich. Nicht einmal der Sonnengott selbst wird uns entdecken.« Bei diesen Worten zog er Hera an sich und umarmte sie. Unter den beiden Göttern aber begann die Erde zu blühen und bereitete ihnen ein weiches, duftendes Lager.

Bald lag Zeus in tiefem Schlaf, so daß die Hilfe des Schlafgotts ganz unnötig war. Darum machte sich dieser auf andere Weise nützlich: Er eilte zu Poseidon und erzählte ihm, was mit Zeus geschehen war. Da erhob der Herr der Meere seine Stimme und forderte die Griechen auf, sich um ihn zu sammeln: »Auf, nehmt eure Lanzen, und folgt mir! Hektor wird vor uns fliehen, denn ich, ich führe euch!«

Wiederum wurde erbittert gekämpft, bis es dem starken Aias gelang, Hektor mit einem Steinwurf zu treffen. Wie eine gefällte Eiche stürzte er zu Boden und verlor das Bewußtsein. Zum Glück waren genug Leute da, die ihn deckten und schließlich auf einem Wagen vom Schlachtfeld schafften. Auch ohne ihren Führer kämpften die Trojaner tapfer weiter, mußten aber schließlich der Übermacht weichen und das zum Teil schon eroberte Lager räumen. Da erwachte Zeus und sah, was drunten vor sich ging: Poseidon mitten im Kampf, Hektor verwundet, die Griechen siegreich!

Berühmte Namen, die nicht in der Ilias stehen

Homers außergewöhnliche Talente als Erzähler zeigen sich darin, daß er im Brennspiegel ganz weniger Tage ein langes Kriegsgeschehen einzufangen vermag, vom Raub der Helena bis zum Untergang Trojas, den Zeus bald vorausgesagt haben wird.

Trotzdem gibt es einige Namen, die jedem Gebildeten im Zusammenhang mit dem Trojanischen Krieg geläufig sind, obwohl sie weder in der ILIAS noch in der ODYSSEE erwähnt werden.

Da ist zum Beispiel Penthesileia, eine Tochter des Kriegsgotts und Königin der Amazonen, die den Trojanern zu Hilfe kam und im Zweikampf mit Achilleus fiel. Zu spät erkannte dieser, wie wunderschön sie war, und verliebte sich in die Sterbende. Auf einer berühmten Schale aus Vulci, die man heute in den Münchner Antikensammlungen bewundern

Finster blickte er Hera an, die möglichst unschuldig dreinzuschauen versuchte, und sagte: »Elende Schlange, ich sollte dich schlagen! Erinnerst du dich noch, wie ich dich einmal hoch in der Luft aufgehängt habe, schwer gefesselt und mit zwei Ambossen an den Füßen? Das war wegen Herakles, dem du ständig Knüppel zwischen die Beine geworfen hast! Und jetzt willst du Hektor um seinen Ruhm bringen!«

»Ich schwöre dir bei der Styx«, versicherte Hera, »daß ich nichts dafür kann, wenn Poseidon den Trojanern hilft. Das tut er von sich aus.«

»Wenn das so ist und du nichts mit der Sache zu tun hast, dann schicke Iris und Apollon los, damit sie meinen Bruder augenblicklich vom Schlachtfeld rufen. Er soll sich nach Hause trollen und dort bleiben!

kann, ist die Szene dargestellt, wie Achill der zu ihm fast zärtlich aufblickenden Amazone das Schwert in die Brust stößt. Die epische Dichtung, an der sich der Penthesilea-Maler orientierte, ist verlorengegangen, doch ihre geringen Spuren, zum Beispiel in der römischen Liebesdichtung, genügten, um das Thema lebendig zu halten: Heinrich von Kleist hat es in einer Tragödie variiert, die Othmar Schoeck als Vorlage für eine Oper diente.

Noch viel berühmter als die Amazone ist der Priester Laokoon, der die Trojaner vergeblich vor dem hölzernen Pferd warnt und mit seinen Söhnen von zwei fürchterlichen Schlangen ermordet wird.

Die Laokoongruppe aus den Vatikanischen Sammlungen ist jedermann bekannt – doch wie steht es mit einer Antwort auf die Frage: Laokoon bei Homer – ja oder nein? »Nein!« ist richtig; die Szene, die einen der Höhepunkte von Vergils *Äneis* darstellt, war ebenfalls in einer verlorenen Dichtung aus dem Kyklos enthalten.

Dem Hektor aber muß Apollon Mut einflößen und seine Wunde heilen, denn es ist mein Wille, daß er die Griechen wie Hasen vor sich hertreibt. Wenn Achilleus das sieht, wird er seinen Freund Patroklos gegen Hektor kämpfen lassen, und Hektor wird siegen. Achilleus aber wird Patroklos rächen, und danach will ich den Griechen wieder den Sieg geben, bis sie Troja zerstört haben.«

So sprach Zeus, und Hera gehorchte ihm auf der Stelle.

Hektors letzter Sieg

Als Hektor, von Apollon geheilt, wieder auf dem Schlachtfeld erschien, waren die Griechen bestürzt und strömten zurück in ihr Lager. Die Trojaner aber drangen erneut über Graben und Mauer vor bis zu den Schiffen, die die Griechen mit aller Kraft verteidigten.

Der starke Aias sprang von Deck zu Deck und schwang eine riesige Lanze! Damit hielt er die Trojaner auf Distanz, bis es Hektor gelang, mit einem Schwerthieb diese Lanze zu zerschmettern. Waffenlos mußte sich Aias zurückziehen, und die Trojaner konnten das vorderste Schiff in Brand stecken.

Als Achilleus von seinem Zelt aus den Brand sah, lieh er, wie Zeus es vorausgesagt hatte, seine strahlende Rüstung dem Patroklos. Die Trojaner sollten diesen für ihn selbst halten; das würde fürs erste genügen.

»Wirf sie«, sprach Achill, »aus dem Lager und komm dann wieder zu mir. Ich möchte nicht, daß dir etwas zustößt.« Tatsächlich wichen Hektor und die Trojaner zurück, als Patroklos mit Achills Leuten in den Kampf eingriff. Die Griechen konnten das brennende Schiff löschen und die Feinde aus dem Lager vertreiben.

Patroklos verfolgte sie bis zur Stadt und vergaß alle Warnungen seines Freundes, denn die Chance, nun Troja endlich zu erobern, erschien ihm zu verlockend. Dreimal versuchte er, die hohe Mauer zu erklettern, dreimal stieß ihn Apollon selbst zurück. Als er aber zum vierten Mal ansetzte, rief der Gott mit furchtbarer Stimme: »Zurück, Patroklos! Das Schicksal erlaubt dir nicht, Troja zu stürmen! Nicht einmal Achill wird das schaffen, der doch viel stärker ist als du!« Da gab Patroklos auf, und Angst erfüllte sein Herz. Der Gott aber nahm die Gestalt eines alten Trojaners an und sagte zu Hektor: »Schau! Der Mann dort ist nicht Achilleus! Er weicht zurück! Los, verfolge und töte ihn und nimm ihm die herrliche Rüstung!« Nun faßte Hektor wieder Mut, bestieg seinen Streitwagen und jagte hinter Patroklos her. Auch Apollon stürzte sich ins Gewühl und verbreitete Schrecken unter den Griechen.

Patroklos staunte, daß Hektor ihm folgte und daß seine eigenen Leute flohen. Darum sprang er vom Wagen und stellte sich dem Verfolger. Er fühlte sich ihm durchaus gewachsen – doch plötzlich versetzte ihm Apollon einen so heftigen Schlag, daß ihm schwarz vor den Augen wurde. Zugleich entriß ihm der Gott Helm und Schild, zerbrach seine Lanze und löste die Riemen des Panzers. Starr vor Schreck stand Patroklos – da traf ihn die Lanze eines Trojaners, und kurz danach versetzte ihm Hektor den Todesstoß. »Freue dich«, stöhnte der Sterbende, »über diesen leichten Sieg! Ein Gott hat mich geschlagen, nicht du. Männer wie dich hätte ich wohl zwanzig bezwungen. Das aber sollst du wissen: Deine Tage sind gezählt. Achill wird dich umbringen.«

Um die Leiche des Patroklos und um Achills Rüstung wurde erbittert gekämpft; endlich gelang es Hektor, die kostbare Beute an sich zu reißen. Auch den toten Patroklos wollte er fortschleppen, um ihn den Hunden zum Fraß vorzuwerfen; daran aber suchten ihn Aias und Menelaos mit allen Mitteln zu hindern.

Achilleus lenkt ein

Als Achill die Nachricht vom Tod des Patroklos erreichte, war er vor Wut und Trauer außer sich. Er jammerte so laut, daß seine göttliche Mutter Thetis ihn hörte und aus dem Meer stieg, um ihn zu trösten. Die Griechen wüßten nun, sagte sie, wie sehr sie auf seine Hilfe angewiesen seien. Das habe Zeus selber so gefügt.

»Was nützt mir das jetzt noch«, entgegnete Achilleus. »Meinen Freund habe ich verloren, ja noch mehr: Ich bin schuld an seinem Tod. Doch dafür soll Hektor büßen! Ich suche mir den Mann.« Bei diesen Worten wollte er davonstürmen, doch Thetis bat ihn, noch einen Tag zu warten. Inzwischen werde sie ihm von Hephaistos neue Waffen schmieden lassen.

Während die Göttin so mit Achilleus sprach, kämpften Griechen und Trojaner immer noch um die Leiche des Patroklos. Hera sah das und sandte ihre Botin Iris zu Achill mit der Bitte, er solle sich wenigstens aus der Ferne den Feinden zeigen. Das tat er auch: Er ging aus dem Lager und stieß einen so fürchterlichen Schrei aus, daß den Trojanern das Blut in den Adern gefror. So konnten die Griechen endlich den Toten bergen und in Achills Zelt bringen.

Als die Trojaner nach dem Kampf berieten, was weiter geschehen solle, schlug der kluge Pulydamas vor, sich wieder in der Stadt zu verschanzen. Außer sich vor Wut über den Tod seines Freundes, werde Achill wie ein Rasender über sie herfallen.

Der Rat war gut, doch Hektor wollte ihn nicht annehmen, denn Athene hatte ihn verblendet. Also schlugen die Trojaner in der Ebene ihr Lager auf, während die Griechen für den gefallenen Patroklos die Totenklage anstimmten.

Thetis kam unterdessen ins Haus des Gottes Hephaistos und fand ihn dort, wie er schwitzend seine Blasebälge trat und Dreifüße schmiedete, die auf goldenen Rädern von selbst zur Versammlung der Götter rollen sollten.

Hephaistos hieß Thetis freundlich willkommen; denn sie hatte ihn damals gerettet, als ihn Hera vom Olymp ins Meer geschleudert hatte, weil er als Krüppel zur Welt gekommen war. Darum ließ er auch alles liegen und stehen, wusch sich und zog neue Kleider an. Dabei halfen ihm goldene Dienerinnen, die er selbst geschaffen und mit Verstand und Stimme begabt hatte.

Als er sich feingemacht hatte, fragte er Thetis nach ihren Wünschen, und sie erzählte ihm vom Tod des Patroklos, vom Schmerz ihres Sohnes und vom Verlust der prachtvollen Rüstung. »Er soll eine neue, schönere haben«, versicherte Hephaistos. »Die Menschen werden staunen.«

Gleich setzte er seine Blasebälge wieder in Gang und schmolz im Feuer Gold und Silber, Kupfer und Zinn. Erst schuf er einen herrlichen Schild. Darauf waren die Erde und das Meer abgebildet, dazu der Himmel mit allen Gestirnen, die über zwei Städten funkelten. In der einen wurde eben eine Hochzeit gefeiert, die andere wurde belagert; überall tobte der Kampf. Auch Felder und Wälder und Weinberge schuf der Gott und um das alles herum das Weltmeer. Als er damit fertig war, schmiedete er noch den Panzer, den Helm und die Beinschienen und brachte alles der wartenden Thetis.

Am nächsten Morgen kam sie zu ihrem Sohn und gab ihm die herrlichen Waffen. Achill war begeistert und wollte sie gleich anlegen, doch dann fiel ihm ein, daß sein Freund noch nicht bestattet war. Thetis aber beruhigte ihn und versprach, den Leichnam mit Nektar und Ambrosia zu salben und vor der Verwesung zu schützen. Achill aber solle sich nun mit Agamemnon aussöhnen. Das sei an der Zeit. Da trat Achilleus vor sein Zelt und rief mit lauter Stimme die Griechen zur Versammlung. Gleich kamen sie alle, auch die Verwundeten, unter ihnen Agamemnon, Odysseus und Diomedes.

Als alle da waren, wandte sich Achill an Agamemnon und fragte: »Was hatten wir nun davon, daß wir uns wegen einer Frau gestritten haben? Ist's nicht ein Jammer, wie viele tapfere Männer ihretwegen ins Gras beißen mußten? Deshalb meine ich, wir sollten Vergangenes vergessen und uns wieder vertragen, damit die Trojaner nicht weiter vor unserem Lager kampieren.«

»Ich war ein Narr«, gab Agamemnon zu, »doch was kann man tun, wenn einen die Götter verblenden? Du bekommst jedenfalls die versprochene Buße, dazu natürlich dein Mädchen. Ich habe es übrigens nicht angerührt, da kannst du beruhigt sein!«

»Gut«, entgegnete Achill, »dann wollen wir uns rüsten und gleich die Trojaner angreifen.« Odysseus dagegen meinte, die Leute sollten erst etwas essen, und Achill fügte sich. Während er die neue Rüstung probierte, schirrten zwei seiner Leute die unsterblichen Pferde an, die sein Vater Peleus von Zeus als Hochzeitsgeschenk erhalten hatte.

»Gebt auf mich acht, ihr beiden«, sagte Achill, als er den Wagen bestieg, »daß es mir nicht so geht wie dem armen Patroklos.«

»Heute«, entgegnete der Hengst Xanthos, der sprechen konnte, »heute bringen wir dich wohlbehalten zurück. Doch dein Ende ist nahe: Apollon und der Pfeil eines Menschen werden dich töten. Auch deinen Freund hat ein Gott geschlagen; wir konnten ihn nicht retten.«

»Für seinen Tod wird Hektor büßen«, sprach Achill und trieb sein Gespann in die Schlacht, in der Zeus diesmal auch die Götter mitkämpfen ließ. Darum mischten sich Hera, Athene, Poseidon und Hermes unter die Griechen, während Apollon und Artemis, Ares, Aphrodite und Leto den Trojanern halfen.

Der Schlächter

Apollon ermutigte den Aineias, Achill zum Zweikampf zu fordern. Das sah Poseidon mit Sorge, denn er fürchtete den Zorn des Zeus, falls nun – gegen den Willen des Schicksals – der Mann fiele, der als einziger aus dem Geschlecht des Dardanos den Untergang Trojas überleben sollte. Darum entschloß er sich, dem Schicksal ein wenig nachzuhelfen und Aineias, dessen Schild bereits kaputt war, in Sicherheit zu bringen.

Eben holte Achill mit dem Schwert zu einem mächtigen Streich aus, doch sein Gegner war plötzlich verschwunden! Achilleus sah sich ratlos um – da erblickte er Hektor, raste auf ihn los und wollte schon die Lanze schleudern, als Apoll den Trojaner in Nebel hüllte und Achills Blicken entzog.

Bebend vor Zorn, daß ihm der Mörder seines Freundes entkommen war, fiel er über die anderen Trojaner her und metzelte sie in Scharen nieder. Seine Rosse stürmten über Tote und Verwundete hinweg, unter ihren Hufen spritzte das Blut und die Räder des Wagens zermalmten Lanzen und Schilde. Auf der Flucht vor dem entsetzlichen Schlächter stürzten sich viele Trojaner in den nahen Fluß, den Skamandros. Achilleus aber verfolgte sie und hieb wahllos mit dem Schwert auf sie ein, bis ihm der Arm müde wurde.

Als er wieder ans Ufer stieg, trieb er zwölf gefangene Trojaner vor sich her, die er als Totenopfer für Patroklos schlachten wollte. Wenig später fiel ihm Lykaon, ein Sohn des Priamos, in die Hände. Achill kannte den jungen Mann, denn er hatte ihn schon einmal gefangen und als Sklaven verkauft. Doch nun war er entschlossen, ihn umzubringen. Vergeblich flehte Lykaon um sein Leben. Er mußte sterben. Dann stürzte sich Achilleus wieder in den Skamandros und mordete weiter, bis der Gott des Flusses ihm Einhalt gebot.

»Fürchterlicher Frevler, was füllst du mein Bett mit Leichen? Mich graut vor dir, hör' endlich auf, oder morde an Land weiter!«

»Gut«, sagte Achill, »aber ich werde nicht aufhören, bevor ich diese trojanischen Hunde in ihre Stadt zurückgetrieben und Hektor zum Kampf gestellt habe.«

Nach diesen Worten fiel er über die Feinde am Ufer her. Als sie in ihrer Todesangst wieder ins Wasser sprangen, vergaß er die Warnung des Gottes und stürzte sich erneut in den Strom. Darauf ließ dieser eine gewaltige Woge gegen ihn anrollen, so daß er den Boden unter den Füßen verlor. Vergeblich suchte er sich an die Äste einer Ulme zu klammern, die sich über den Fluß neigte: Der Baum wurde entwurzelt und drückte ihn unter Wasser. Nur mit Mühe rettete sich Achill ans Ufer, doch nun verfolgte ihn der empörte Fluß und hätte ihn ertränkt, wäre nicht auf Befehl Heras Hephaistos erschienen. Der entfesselte einen fürchterlichen Brand und trieb Skamandros in sein Bett zurück. Achilleus aber fiel erneut über die Trojaner her.

Das sah von einem Turm der alte König Priamos und befahl den Wächtern, sie sollten die Tore öffnen und die

Flüchtenden einlassen. Mit ihnen wären wohl auch ihre griechischen Verfolger in die Stadt gelangt, wenn nicht Apollon eingegriffen und in Gestalt des Trojaners Agenor Achill ins freie Feld hinausgelockt hätte. Dort wandte er sich um und sprach: »Was verfolgst du, Sterblicher, einen Gott?«

»Du hast mich überlistet«, knurrte Achill, »und viele Trojaner gerettet. Wenn ich könnte, würde ich mich an dir rächen!«

Hektor fällt

Inzwischen flohen alle Trojaner, die noch laufen konnten, in die Stadt. Hektor allein blieb draußen, obwohl seine alten Eltern ihn beschworen, sein Leben nicht aufs Spiel zu setzen. Er schämte sich, weil er nicht auf den Rat des Pulydamas gehört und damit den Tod so vieler Menschen verschuldet hatte.

»Für mich«, dachte er, »gibt es nur eine Wahl: Siegen oder sterben.« Also erwartete er seinen Gegner, doch als dieser in seiner funkelnden Rüstung näher kam, erfaßte Hektor plötzlich solche Angst, daß er die Flucht ergriff. Achill verfolgte ihn, konnte ihn aber nicht einholen. So rannten sie dreimal um die ganze Stadt, und vom Olymp sahen die Götter zu. Zeus hätte gerne zugunsten Hektors eingegriffen, doch Athene widersprach wütend, und als der Göttervater die Todeslose der beiden Gegner wog, sank Hektors Los. Da mußte ihn Apollon, sein Beschützer, verlassen.

Athene aber näherte sich Hektor in Gestalt seines Bruders Deiphobos und überredete ihn, sich Achill zu stellen. Sie seien ja nun zu zweit! So getäuscht, wandte sich Hektor

Noch heute sprichwörtlich ist die Achillesferse, jene leidliche Schwachstelle, an der auch der Stärkste verletzlich ist. Homer weiß nichts von ihr – erst Hyginus, ein Autor des 1. Jahrhunderts nach Christus berichtet, Achills Mutter Thetis habe ihren Sohn unverwundbar machen wollen und darum ins Wasser des Unterweltstroms Styx getaucht. Weil sie den Kleinen an einem Bein hielt, sei eine winzige Stelle nicht vom Wunderwasser benetzt worden, und eben da habe den Helden der Pfeil Apollons getroffen.

an Achilleus und schlug ihm einen Vertrag vor: Der Sieger im Kampf solle dem Besiegten die Rüstung abnehmen, seine Leiche aber den Angehörigen zur Bestattung lassen. Diesen Vorschlag lehnte Achill brüsk ab und warf zugleich seine Lanze, traf aber nicht, weil Hektor sich duckte. Unbemerkt von ihm hob Athene die Lanze auf und gab sie Achill zurück. Als auch Hektor seinen Speer geschleudert hatte, ohne zu treffen, blieb ihm nur noch das Schwert. Damit hatte er gegen Achills lange Lanze keine Chance: Sie durchbohrte ihm die Kehle.

Sterbend bat er den Sieger, er solle doch seinen Leichnam den Trojanern gegen hohes Lösegeld überlassen. Achill aber knurrte: »Bitte mich nicht, du Hund! Ich würde dich am liebsten in Stücke schneiden und roh hinunterschlingen! Und selbst wenn dein Vater dich mit Gold aufwiegen wollte – er bekommt dich nicht! Dich werden die Geier und Hunde fressen!«

»Du hast ein Herz von Eisen«, stöhnte Hektor, »aber hüte dich vor dem Zorn der Götter! Er trifft dich am skaischen Tor, wo Paris und Apollon deinem Leben ein Ende setzen.«

Hektor starb, und Achill durchstach seine Sehnen zwischen Ferse und Knöchel, zog einen Riemen durch und band ihn an seinem Streitwagen fest. Dann stieg er auf, gab den Pferden die Peitsche und schleifte den Toten um die Festung. Als die Trojaner das sahen, erhoben sie ein so lautes Wehgeschrei, als wäre die Stadt schon gefallen.

Zeus will es!

Nun, da sein Freund Patroklos gerächt war, kümmerte sich Achill um dessen Bestattung: Nach einem großartigen Leichenmahl ließ er den Scheiterhaufen schichten, hundert Fuß lang und ebenso breit.

Als der Tote aufgebahrt war, wurden Opfertiere in Mengen geschlachtet. Auch die liebsten Pferde und Hunde des Patroklos und jene zwölf Gefangenen mußten sterben. Zum Schluß entzündete Achilleus selbst den Holzstoß und rief: »Freue dich, Patroklos, du gehst nicht ohne Begleitung zu den Toten. Den Hektor aber sollen die Hunde fressen!«

Als der Scheiterhaufen niedergebrannt war, sammelte man die Gebeine des Patroklos und legte sie in eine goldene Urne, die auch Achills sterbliche Überreste aufnehmen sollte. Über der Grabstätte wurde ein hoher Hügel aufgeschüttet; danach begannen die Wettkämpfe zu Ehren des Toten, und die Sieger erhielten herrliche Preise.

Die ganze Zeit über lag Hektors Leichnam vor dem Zelt des Achilleus, doch kein Hund rührte ihn an, denn Aphrodite und Apollon beschützten ihn. Die Götter sorgten auch dafür, daß der Tote nicht entstellt wurde, als ihn Achill an seinen Wagen band und um den Grabhügel des Patroklos schleifte.

Das tat er Tag um Tag, bis es die Götter nicht mehr mitansehen konnten und Thetis baten, sie solle ihren Sohn da-

zu bringen, sein scheußliches Treiben aufzugeben. »Sag'
ihm, daß das mein Wille ist!« erklärte Zeus. »Er soll Priamos seinen toten Sohn herausgeben, wenn er kommt – und
ich werde dafür sorgen, daß er kommt.«

Als Achill hörte, daß ihm die Götter grollten, bezwang
er sein hartes Herz und versprach, den Willen des Zeus zu
erfüllen. Dieser aber sandte seine Botin Iris nach Troja, wo
sie dem alten Priamos erschien und ihn dazu aufforderte,
seinen Sohn bei Achilleus auszulösen. »Hermes wird dich
geleiten«, versprach sie, »sei darum unbesorgt.« Hekabe,
die Königin, war entsetzt, als Priamos ihr von seinem Vorhaben berichtete. »Der Bluthund Achilleus wird dich
töten!«, rief sie, und »irgendein Gott will dein Verderben.«

Doch Priamos ließ sich nicht beirren, und als sich gar
ein Adler auf dem Dach seines Schatzhauses niederließ,
war er sich göttlicher Hilfe sicher. Er ließ einen Wagen mit
Gaben für Achilleus beladen und verließ, nur von seinem
Herold Idaios begleitet, bei Einbruch der Dämmerung
Troja.

Als sie am Fluß die Pferde tränkten, kam ein junger
Mann auf sie zu, der Priamos seine Hilfe anbot. Es war, wie
sich später herausstellte, Hermes selbst, unter dessen
Schutz sie bis ins Lager der Griechen gelangten. Er brachte
sie bis zu der Umfriedung, die das Zelt des Achilleus um-
gab, öffnete das Tor und riet dem alten König, er solle sich,
wenn er eingetreten sei, vor Achill auf den Boden werfen
und ihn bei seinem alten Vater beschwören, ihn zu schonen.
Das werde sein hartes Herz rühren.

Tatsächlich kam – nun im letzten Gesang der ILIAS –
alles so, wie Hermes gesagt hatte. Achilleus konnte vor
Rührung die Tränen nicht zurückhalten, und während
Priamos um all die Söhne weinte, die er verloren hatte, erfüllte auch er das Zelt mit lauter Klage.

Dann hob er den alten König vom Boden auf und sprach ganz sanft auf ihn ein, von seinem Vater Peleus, den er nie wiedersehen würde, von zwei Fässern im Haus des Zeus, aus denen dieser den Menschen bald gute, bald böse Gaben spende, und von der Wandelbarkeit des Schicksals. »Nun aber«, sagte er, »setze dich zu mir und iß und trink!«

Priamos aber entgegnete, das könne er nicht, solange sein Sohn draußen im Staub liege. Da ging Achilleus hinaus, ließ die Gaben vom Wagen abladen und dafür Hektors Leiche aufbahren.

Während das geschah, überkam ihn erneut die Trauer um den toten Freund, und er rief: »Sei mir deswegen nicht böse, Patroklos, daß ich Hektor herausgebe. Du sollst deinen Teil von all diesen Schätzen haben!« Danach kehrte er ins Zelt zurück und drängte Priamos, er solle nun etwas essen. Selbst Niobe habe, als sie neun Tage um ihre Söhne und Töchter getrauert hatte, wieder Nahrung zu sich genommen. Der König ließ sich überreden, Achill bewirtete ihn und bot ihm für die Zeit, die er für Hektors Bestattung brauche, Waffenruhe an. Zuletzt richtete er ihm ein Lager, und Priamos schlief im Zelt des Mannes, der so viele seiner Söhne getötet hatte!

Mitten in der Nacht trat Hermes an das Bett des Priamos und flüsterte: »Du schläfst hier so ruhig; denkst du nicht daran, was passiert, wenn einer von den anderen Griechenfürsten dich findet?«

Priamos erschrak und weckte sofort den Idaios, während Hermes die Pferde und Maultiere anschirrte. Rasch verließen sie, von niemandem gesehen, das Lager und erreichten im Morgengrauen Troja. Von der Höhe der Burg sah Kassandra ihren Vater mit Hektors Leiche zurückkommen; da schrie sie laut auf und rief die Trojaner, sie sollten den Toten würdig empfangen. Gleich strömten ihm alle entgegen zum Tor, rauften sich die Haare und zerrissen ihre Kleider. Sänger stimmten Klagelieder an, während Hekabe und Andromache den Sohn und den Gatten beweinten, und die Menschen schluchzten und seufzten.

Priamos aber befahl, aus den Wäldern Holz für den Scheiterhaufen zu holen und dabei keinen Hinterhalt der Griechen zu fürchten. Er verließ sich auf das Wort des Achilleus. Neun Tage lang fuhren die Wagen, die Holz in die Stadt brachten, dann brannte der Scheiterhaufen. Hektors Gebeine wurden in einer goldenen Urne beigesetzt, und ein mächtiger Hügel wurde errichtet. Danach versammelten sich alle im Palast des Priamos und nahmen, Hektor zu Ehren, das Totenmahl ein.

Die Odyssee

Telemachs Reisen

> »Nenne den Mann mir, Muse,
> den wendigen, schlauen, der lange
> irrte umher, als Troja, die heilige Feste,
> zerstört war.«

Mit einem Musenanruf, wie er auch am Anfang der ILIAS steht, eröffnet der Odysseedichter sein Werk und bittet die Göttin, »irgendwo« mit ihrem Bericht zu beginnen. Zugleich läßt er einfließen, daß Odysseus alle, die mit ihm in den Krieg gezogen waren, verloren hat und nun von einer Nymphe namens Kalypso gefangengehalten wird, weil sie ihn unbedingt zum Mann haben möchte.

Allen Göttern tut er längst leid, außer dem Herrn der Meere, Poseidon. Gerade darum ist es gut, daß dieser ans Ende der Welt gereist ist, um bei den Aithiopen ein Opfer entgegenzunehmen. Er kann daher nicht im Olymp sein Veto einlegen, als auf Antrag Athenes der Götterrat die Heimkehr des Odysseus beschließt. Hermes soll Kalypso diesen Beschluß mitteilen, Athene aber erklärt, sie werde auf Ithaka Telemachos, den Sohn des Odysseus, dazu bestimmen, auf Reisen zu gehen und nach seinem verschollenen Vater zu forschen.

Wenig später trat sie in menschlicher Gestalt vor den Königssohn und gab sich als alter Freund der Familie aus.

Daß sich im Palast des Odysseus ein ganzer Schwarm von Männern breitmachte, die alle um Penelope, die Königin, warben, fand Athene empörend. Wenn jetzt Odysseus plötzlich erschiene, der würde aufräumen! Im übrigen, so versicherte sie dem zweifelnden Telemach, werde sein Vater bald kommen. Ferner riet sie ihm, sich in einer Volksversammlung über das Treiben der Freier zu beschweren und ein Schiff ausrüsten zu lassen für die Suche nach seinem Vater. Der junge Mann schöpfte bei diesen Worten neue Hoffnung und versprach, die Ratschläge seines Gastes zu befolgen. Darauf verschwand Athene so rasch, wie sie gekommen war. Am folgenden Tag berief Telemach die Versammlung ein und sprach deutliche Worte, erntete aber bei den Freiern nur Gelächter, obwohl ein Seher namens Halitherses warnend seine Stimme erhob und erklärte, Odysseus werde bald zurückkehren. Auch aus der Seefahrt wäre nichts geworden, hätte sich nicht Athene um Schiff und

Handlungsstränge: Die Kunst des Odyssee-Dichters

» ... dort nun erwarteten ihn die tückischen Freier.« So endet der 4. Gesang der ODYSSEE, und jeder Leser rechnet damit, daß im nächsten Gesang berichtet werden wird, wie es Telemach weiter erging – doch nein! Nun wird die Handlung auf der Insel der Kalypso fortgeführt, nun stehen die Schicksale des Odysseus im Mittelpunkt – freilich nur die letzten, denn in wenigen Tagen wird er wieder in Ithaka sein.
Was in der Zeit geschah, bevor er schiffbrüchig an die Insel der Kalypso getrieben wurde, davon läßt Homer seinen Helden selbst berichten. Auf diese Weise erhalten die zahlreichen Abenteuer eine subjektive Note – im Gegensatz zu den vom allwissenden Dichter mitgeteilten Ereignissen, die, wenn man davon absieht, daß immer wieder Götter in das Geschehen eingreifen, durchaus realistisch dargestellt sind.

Mannschaft gekümmert. Sie tat das in Gestalt des alten Mentor, in dessen Obhut Odysseus vor zwanzig Jahren seine Familie gegeben hatte. Da die Göttin außerdem die Freier lang und tief schlafen ließ, konnte Telemach ungehindert auslaufen und steuerte zunächst Pylos an, wo der alte König Nestor wohnte. Redselig, wie alte Leute oft sind, sprach der von allem möglichen, doch vom Verbleib des Odysseus wußte er nichts.

Also reiste Telemach weiter nach Sparta, dessen König Menelaos erst nach langer Irrfahrt heimgekehrt war; vielleicht wußte er mehr. Tatsächlich hatte Menelaos etwas über Odysseus erfahren, und zwar von dem Meergott Proteus, den er mit Hilfe einer Göttin überlistet und überwältigt hatte, als ihn eine Flaute vor der Küste Ägyptens festhielt und er Rat und Hilfe brauchte.

»Alles, was Proteus mir sonst geweissagt hat«, versicherte Menelaos, »ist eingetroffen. Also wird auch das mit dei-

---

Der Riese Polyphem dagegen, der Gesang der Sirenen oder die fürchterliche Skylla entstammen der Märchenwelt, und der Verdacht liegt nicht fern, daß Odysseus bei den Phaiaken ein ganz dickes Seemannsgarn spinnt. Schließlich hat er überall, wo er landet, eine kunstvolle Lügengeschichte auf Lager. Sogar Athene muß sich eine davon anhören! Reizvoll ist es auch, wie Homer immer wieder Querverbindungen zwischen den verschiedenen Orten und Ebenen der Handlung herstellt: In Sparta hört Telemach, daß sein Vater von einer Nymphe festgehalten wird, und in der Unterwelt erfährt Odysseus, daß sein Sohn wohlauf ist, daß seine Frau ihm noch die Treue hält und daß er bei seiner Heimkehr auf Ärger gefaßt sein muß. Vorahnungen und Weissagungen spielen in der ODYSSEE eine noch größere Rolle als in der ILIAS und verleihen der epischen Handlung bei aller Breite ein hohes Maß an Spannung.

nem Vater stimmen. Mach dir darum keine Sorgen und feiere mit uns; hier gibt es nämlich eine Hochzeit: Der Sohn des Achilleus bekommt meine Tochter Hesione!« Also blieb Telemach mehrere Tage als Gast in Sparta und lernte die Königin Helena kennen, die immer noch wunderschön war.

Auf Ithaka hatten die Freier inzwischen von seiner Abreise erfahren und schmiedeten einen Mordplan: Wenn er zurückkäme, wollten sie sein Schiff im Sund vor der Insel Same abfangen. Der Plan wurde Penelope verraten, und sie machte sich größte Sorgen um ihren Sohn. Darum sandte ihr Athene ein Traumbild, das sie tröstete.

Die Freier aber legten sich, wie vereinbart, auf die Lauer.

Der Gestrandete

Als die Götter beschlossen hatten, daß Odysseus endlich heimkehren dürfe, schickten sie ihren Boten Hermes zur Nymphe Kalypso mit der bindenden Weisung, den Mann, den sie umwarb, nun endlich ziehen zu lassen. Hermes entledigte sich seines Auftrags ausgesprochen taktvoll, doch Kalypso geriet trotzdem in Wut und nannte die Götter hart und neidisch, weil sie ihr das bißchen Glück, auf das sie immer noch hoffte, nicht gönnen wollten.

Als sie sich ein wenig gefaßt hatte, ging sie zu Odysseus, der am Strand saß und betrübt aufs Meer hinausstarrte, und forderte ihn auf, er solle Bäume fällen und sich ein Floß bauen. Sie werde ihn mit Speise und Trank versorgen und einen günstigen Fahrtwind schicken.

Odysseus fand den plötzlichen Sinneswandel der Nymphe äußerst verdächtig und ließ sie die stärksten Eide schwören, daß sie nichts Übles im Schild führte. Dann ging er ans Werk und war in vier Tagen damit fertig. Von Kalypso reichlich mit Proviant versehen, segelte er siebzehn Tage bei herrlichem Wetter übers Meer.

Am achtzehnten Tag sah er Land in der Ferne – doch auch er wurde gesehen: Poseidon, der vom Opferfest der Aithiopen satt und gut gelaunt zurückkehrte, wollte seinen Augen nicht trauen, als er das Floß und den Mann darauf entdeckte. »Verdammt«, knurrte er, »da haben die Götter hinter meinem Rücken etwas Neues beschlossen! Doch der Bursche da ist noch nicht in Sicherheit! Ich werde ihn noch hernehmen, daß ihm Hören und Sehen vergeht!« Bei diesen Worten entfesselte er ein fürchterliches Unwetter.

So sagt es Homer: Der Sturm

»Er ballte Wolken zusammen, nahm seinen Dreizack in beide Hände und wühlte das Meer auf, ließ alle widrigen Winde auf einmal in wilden Wirbeln los und breitete Dunkelheit über Land und Meer. Schwarze Nacht sank vom Himmel herab. Aber der Ostwind, der Südwind, der üble Westwind stürmten daher und der Nord aus der Höhe; der wälzte gewaltige Wogen.«

Da merkte Odysseus, wie ihm seine Knie weich wurden, und er meinte, nun hätte sein letztes Stündlein geschlagen. Ein fürchterlicher Brecher spülte ihn vom Floß, doch er schwamm ihm nach und bekam es zu fassen. Freilich, der Mast samt Segel und Rahe war dahin, und wie lange würden die Balken noch halten? Während Odysseus sich an sein halbzerschmettertes Floß klammerte, tauchte gleich einem Wasserhuhn die Göttin Leukothea aus den Fluten und riet ihm, er solle sich seiner Kleider entledigen, das

Floß Floß sein lassen und zum Ufer des Phaiakenlandes schwimmen. »Da«, sagte sie, »nimm meinen Schleier. Du wirst ihn brauchen können.«

Odysseus zögerte ein wenig – Götter können ja so heimtückisch sein –, doch dann tat er, was ihm geraten worden war und schwamm durch die aufgewühlte See. Zwei Tage und zwei Nächte trieb er dahin. Am Morgen des dritten Tags erreichte er eine felsige Küste und – mit Athenes Hil-fe – die Mündung eines Flusses, wo er, ohne scheußlich zerschunden zu werden, sich ans Ufer retten konnte. Wo er gestrandet war, wußte er nicht; es war ihm auch gleichgültig, Völlig erschöpft kroch er in ein dichtes Gebüsch, deckte sich mit dürren Blättern zu und schlief sich erst einmal aus.

Athene aber, die sich um ihn sorgte, erschien im Traum der Nausikaa, der Tochter des Phaiakenkönigs, und erinnerte sie an ihre bevorstehende Hochzeit. Da wäre es doch wohl gut, große Wäsche zu waschen!

Am nächsten Morgen erzählte die junge Frau ihrem Vater, was sie vorhatte, und bat um einen Wagen. Der König freute sich über den Eifer seiner Tochter, und die Königin brachte Gebäck, Obst und Wein, damit Nausikaa und ihre Mädchen am Waschplatz picknicken konnten, sobald die Wäsche auf der Bleiche lag. Nach der Arbeit und dem Imbiß vergnügten sich alle beim Ballspiel – da ging plötzlich ein Wurf fehl, der Ball rollte in den Fluß, und es gab ein großes Geschrei.

Davon erwachte Odysseus und kroch aus dem Gebüsch. Weil er keine Kleider hatte, brach er sich einen Zweig ab, um sich notdürftig zu bedecken, und ging auf die Mädchen zu. Die aber rannten alle davon, nur Nausikaa blieb stehen. An sie wandte sich Odysseus mit so charmanten Worten, daß sie ihm auf der Stelle zu helfen versprach, Kleidung für ihn aussuchte und ihren Dienerinnen befahl, ihm eine

So sagt es Homer: Altgriechische Komplimente

(Odysseus zu Nausikaa:) »Deine Knie umfasse ich, Herrin, und frage: Bist du eine Göttin oder eine Sterbliche?
Solltest du eine von den Göttinnen sein, die den weiten Himmel bewohnen, dann gleichst du in meinen Augen an Schönheit, Wuchs und Größe am meisten der Artemis, der Tochter des erhabenen Zeus.
Bist du aber eine Sterbliche, wie sie auf Erden leben, dann beglückwünsche ich dreimal deinen Vater und deine Frau Mutter, dreimal auch deine Brüder. Stolz können sie alle auf dich sein, und wenn sie dich tanzen sehen, wird ihnen gewiß warm ums Herz. Am beglücktesten freilich vor allen andern ist der Mann, der dich mit reichen Brautgaben einmal heimführt. Meine Augen haben jedenfalls noch nie ein solches Geschöpf erblickt, weder Mann noch Frau; ich schaue auf dich in tiefer Verehrung. Allerdings, auf Delos, neben dem Altar des Apollon, sah ich eine junge Palme, rank und schlank wie du.«

Mahlzeit zu richten, während er sich im Fluß den Schlamm aus den Haaren wusch. Zugleich ließ Athene alle Spuren seiner Leiden verschwinden, und Nausikaa staunte, wie schön und stattlich der Schiffbrüchige vom Baden zurückkam.

Als er sich gestärkt hatte, erklärte sie ihm den Weg zum Palast ihres Vaters. »Es ist besser«, meinte sie, »wenn du uns in einem gewissen Abstand folgst. Die Leute hätten sonst allerhand zu reden.«

Während Odysseus auf die Stadt zuging, kam ihm ein hübsches Mädchen entgegen, das ihn, als er es ansprach, bereitwillig zum Königshof führte und ihm riet, sich mit seiner Bitte um Hilfe an die Königin zu wenden. Das Mädchen war natürlich Athene, doch das ahnte Odysseus erst, als es auffallend rasch verschwand. Merkwürdig war auch, daß ihn niemand aufhielt, während er den Palast betrat.

Erst als er die Knie der Königin Arete umfaßte und um Hilfe flehte, wich der Nebel, in den ihn die Göttin gehüllt hatte, und alle Phaiaken staunten beim plötzlichen Erscheinen des Fremden, der sich am Herd niederließ. Der König Alkinoos aber hieß ihn aufstehen, bot ihm einen Ehrenplatz an und ließ ihn reichlich bewirten. Arete wunderte sich währenddessen, woher der Fremde die Kleider hatte, die ihr bekannt vorkamen, fragte ihn aber erst, als alle Gäste des Königspaars gegangen waren. Darauf erzählte Odysseus von seinem Schiffbruch und der Begegnung mit Nausikaa. »Es war nicht recht«, meinte da Alkinoos, »daß meine Tochter dich allein hat gehen lassen.«

»Das war meine eigene Idee«, erwiderte Odysseus, »ich wollte ihr keine Ungelegenheiten bereiten.«

Am folgenden Tag gab der König ein Fest für seinen Gast, und ein blinder Sänger sang vom Streit des Agamemnon mit Achill. Da konnte Odysseus die Tränen nicht zurückhalten. Alkinoos aber schlug einen sportlichen Wettkampf vor, um den fremden Mann wieder aufzuheitern.

Als die jungen Phaiaken gezeigt hatten, was sie konnten, lud Laodamas, der Sohn den Königs, Odysseus ein, sich mit ihnen zu messen. Der aber lehnte erst ab; er habe zuviel durchgemacht. Das ärgerte einen der jungen Leute, und er meinte, der Fremde sei wohl ein Händler, den schmutzige Profitgier über die Meere treibe, und habe keine Ahnung von Sport.

Odysseus nahm das übel und sagte dem Mann seine Meinung. Dann ergriff er einen schweren Diskus und warf ihn weiter als alle Phaiaken. Anschließend unterhielten Tänzer die Festgesellschaft, und ein Sänger sang von der Affäre des Ares mit der schönen Aphrodite:

Immer wenn ihr Mann, der Hinker Hephaistos, in seiner Schmiede werkelte, schlüpfte der Kriegsgott zu ihr ins Ehebett, bis der Sonnengott, der alles sieht, Hephaistos von dem Skandal erzählte. Der schmiedete ein kunstvolles Netz, fein wie Spinnweben, aber unzerreißbar, und legte es um seine Bettstatt. Dann entfernte er sich. Kaum war er weg, erschien Ares und zog Aphrodite auf das Lager – und gleich zappelten die beiden im Netz. Da rief Hephaistos die Götter herbei und zeigte ihnen die beiden Ertappten. Jene aber stimmten ein endloses Gelächter an und hatten wenig Verständnis für den betrogenen Ehemann.

Auch Odysseus mußte lachen und dankte dem König für die ausgezeichnete Unterhaltung. Ganz besonders gut seien die Tänzer. Alkinoos freute sich über die netten Komplimente und forderte die anwesenden Phaiaken auf, dem Fremden Gastgeschenke zu geben, denn er werde bald abreisen. Außerdem drängte er den jungen Mann, der vorhin Odysseus beleidigt hatte, sich zu entschuldigen und ihm eine besondere Gabe zu bringen. Das geschah, und danach lud der König zur Tafel. Odysseus aber ließ dem Sänger ein besonders großes Stück Braten bringen und bat ihn, er solle doch vom hölzernen Pferd und von der Zerstörung Trojas singen. Während des Gesangs kamen ihm wieder die Tränen, und Alkinoos, der wissen wollte, welches Leid ihn bedrückte, fragte ihn nach seinem Namen und seiner Heimat.

Odysseus erzählt

Nun endlich gab sich Odysseus zu erkennen und berichtete, was ihm nach der Eroberung Trojas alles zugestoßen war: An der thrakischen Küste stürmte und plünderte er mit seinen Leuten eine Stadt der Kikonen, mußte aber un-

Was nicht in der Ilias steht, steht (manchmal) in der Odyssee

Trojas Vernichtung gilt in der ILIAS als ausgemacht; wie aber die feste Stadt erobert werden soll, wird nicht verraten. Die berühmte Geschichte vom hölzernen Pferd stand ursprünglich in einem heute verlorenen Epos, dessen Kenntnis in der ODYSSEE vorausgesetzt wird.

Auch der frühe Tod des Achilleus ist für den Dichter der ILIAS eine ausgemachte Sache; der sterbende Hektor nennt sogar den Ort, wo er fallen wird, und seine beiden Bezwinger. Dagegen gibt es an keiner Stelle der ILIAS einen Hinweis auf das Ende des Aias und auf den vorangegangenen Streit um die Waffen des toten Achill.

Davon erfahren wir erst im 11. Gesang der ODYSSEE, wo das Zusammentreffen des Helden mit dem Schatten des Aias in der Unterwelt geschildert wird. Bemerkenswert ist, wer nach den Worten des Odysseus ihm die begehrte Rüstung zusprach: junge Trojanerinnen – also wohl Kriegsgefangene, Sklavinnen – und die Göttin Pallas Athene.

Die bekanntere Version der Sage, wie sie zum Beispiel der Sophokles-Tragödie AIAS zugrunde liegt, läßt die Griechenfürsten jene verhängnisvolle Entscheidung treffen, derentwegen Aias wahnsinnig wird und, im Glauben, jene Fürsten zu töten, über eine Schafherde herfällt.

ter Verlusten abziehen, weil die Besiegten Verstärkung holten. Danach trieb ihn ein Sturm neun Tage lang südwärts bis zum Land der Lotosesser. Als die Leute, die er zur Erkundung aussandte, deren Speise versuchten, fanden sie diese so lieblich, daß sie nicht mehr nach Hause zurückkehren wollten. Odysseus mußte sie mit Gewalt zu den Schiffen zurückbringen und an die Ruderbänke binden!

Die Fahrt ging weiter zu einer Insel, unweit dem Land der Kyklopen. Um dieses hätte Odysseus besser einen weiten Bogen schlagen sollen, doch ihn stach der Hafer, so daß er mit einem seiner Schiffe losfuhr, um herauszufinden, wie Fremde von den Kyklopen aufgenommen würden.

Als er an deren Küste gelandet war, befahl er seiner Mannschaft, auf ihn und die zwölf Begleiter zu warten, mit denen er ins Landesinnere vordrang. Neben einigem Proviant nahm er auch einen Schlauch voll besonders starkem Wein mit. Bald gelangte er zu einer gewaltigen Höhle, in der auf Darren herrliche Käse trockneten und Lämmer und Zicklein in Herden blökten und meckerten. Davon, so rieten ihm seine Leute, sollte man sich reichlich bedienen und dann schleunigst verschwinden. Der Rat war gut, aber Odysseus hatte es sich nun einmal in den Kopf gesetzt, auf den Besitzer der Höhle zu warten.

Der erschien auch bald mit einer Herde von Schafen; er war ein baumlanger Kerl, der auf seiner Stirn nur ein einziges riesiges Auge hatte. Zuerst warf er ein Bündel Holz auf den Boden, daß es krachte, dann verschloß er den Eingang zur Höhle mit einem ungeheuren Felsblock und begann, seine Schafe zu melken. Als er die Fremden in seiner Behausung entdeckte, fragte er sie nach ihrem Woher und Wohin. Odysseus sagte, sie seien Schiffbrüchige, und bat um gastliche Aufnahme: »Scheue die Götter, mein Bester, denn Zeus selbst schützt die Fremden.«

»Ein Narr bist du«, entgegnete der Riese, »wenn du von mir verlangst, die Götter zu achten. Wir Kyklopen kümmern uns einen Dreck um sie, denn wir sind viel, viel stärker.« Dann packte er zwei von Odysseus' Leuten, tötete, zerhackte und fraß sie. Dazu trank er Milch, bis er hintenüber kippte und sofort einschlief.

Nun war für Odysseus der Augenblick gekommen, sich anzuschleichen, um dem Monster sein Schwert in den Wanst zu stoßen – doch als er das tun wollte, fiel ihm ein, daß er und die Seinen unmöglich den Felsblock vom Höhleneingang wegwälzen konnten. So wartete er betrübt, bis es Tag wurde und der Riese wieder zwei seiner Männer verschlang.

Dasselbe geschah, als er am Abend zurückkam, doch nun war Odysseus gerüstet: Er hatte einen kräftigen Pfahl zugespitzt und unter dem Mist versteckt, der den Boden der Höhle bedeckte. Außerdem hatte er die Leute ausgelost, die ihm bei seiner Tat helfen sollten. Nun nahm er all seinen Mut zusammen und ging mit einer Schale Wein auf den Kyklopen zu. »Da«, sagte er, »trink, nachdem du Menschenfleisch gefressen hast, von diesem Wein. Ich habe ihn als Gastgeschenk für dich mitgebracht, du aber führst dich ganz entsetzlich auf. Wer soll da in Zukunft noch zu dir kommen?«

Der Kyklop trank die Schale leer und verlangte nach mehr. »Gut ist dein Wein«, meinte er, »so einer wächst hier bei uns nicht. Nun aber sag mir deinen Namen, denn ich habe auch ein Geschenk für dich.«

»Mein Name«, erwiderte Odysseus, »ist ziemlich seltsam: Ich heiße nämlich Niemand.«

»Niemand!« lachte der Riese, »den Niemand freß' ich als letzten! Das ist mein Geschenk!«

Dann kippte er wieder um, und weil er zuviel getrunken hatte, erbrach er Wein und Menschenfleisch. Es war ein scheußlicher Anblick. Odysseus aber holte den Pfahl und schob ihn in das Herdfeuer, bis die Spitze glühte. Dann packte er ihn mit seinen vier Helfern und trieb ihn dem schlafenden Kyklopen ins Auge. Der brüllte entsetzlich, sprang auf und riß den blutigen Pfahl aus der Augenhöhle. Dann suchte er mit den Händen den Höhlenboden ab, bekam aber keinen der Griechen zu fassen. Auf sein Geschrei kamen andere Kyklopen herbei und fragten: »Was ist los,

Polyphem, will am Ende jemand dich töten?« »Niemand bringt mich um!« heulte der Riese, und die anderen meinten: »Wenn das so ist, bist du wahrscheinlich verrückt geworden. Bete zu deinem Vater Poseidon, daß er dich heilt.« Dann entfernten sie sich.

Odysseus aber band mit Weidenruten, aus denen der Kyklop seine Hürden flocht, je drei Widder zusammen und zurrte unter dem mittleren einen seiner Männer fest. Er selbst krallte sich in die Bauchwolle des Leittiers der Herde, als diese am Morgen die Höhle verließ. Polyphem tastete nur die Rücken der Tiere ab, so gelang die Flucht.

Auch das Schiff war noch da, um die Geretteten zu ihren Gefährten zu bringen. Da stach Odysseus wieder der Hafer, und er reizte den Kyklopen mit höhnischen Worten. Sogar seinen wirklichen Namen nannte er. Polyphem aber schleuderte gewaltige Felsblöcke und verfehlte das Schiff der Griechen nur knapp. Als er merkte, daß er mit seinen Würfen nichts ausrichtete, flehte er zu seinem Vater Poseidon, er solle sich für ihn an jenem Odysseus rächen: »Laß ihn elend ersaufen!« rief er und setzte nach einigem Zögern hinzu: »Wenn es ihm aber bestimmt ist, nach Hause zu kommen, dann erst spät und nach langem Leid, ohne all seine Leute, auf einem fremden Schiff – und Unheil soll ihn erwarten!«

Zunächst sah es freilich so aus, als werde der Fluch sich nicht erfüllen, denn Odysseus erreichte jene schwimmende Insel, auf der Aiolos, der Gott der Winde, wohnte. Der nahm ihn gastlich auf und gab ihm zum Abschied einen wohlverschnürten Schlauch, in den er alle bösen Stürme eingesperrt hatte.

Einen günstigen Fahrtwind sandte er außerdem, und neun Tage später sichtete der Mann im Ausguck Ithaka. Weil Odysseus gerade schlief, wollten seine Leute rasch noch nachsehen, was ihm der Windgott mitgegeben hatte. Sie öffneten den Schlauch – da fuhren die Stürme heraus und trieben das Schiff weit über das Meer, zurück bis zur Insel des Aiolos. Aiolos war nicht bereit, noch einmal zu helfen, und wies Odysseus die Tür: »Verschwinde, du Fluchbeladener! Dich müssen sämtliche Götter hassen!«

Wie es das Unglück wollte, geriet Odysseus bei der Weiterfahrt erneut an menschenfressende Riesen, die Laistrygonen, deren Stadt oberhalb eines natürlichen Hafens lag. Dieser Hafen erwies sich als tödliche Falle, denn als jene Riesen plötzlich erschienen, schleuderten sie Felsblökke, zerschmetterten die Schiffe und spießten mit überlangen Speeren die Besatzungen auf. Nur ein Schiff, das des Odysseus, konnte entkommen. Die Erinnerung an dieses entsetzliche Erlebnis war noch frisch; darum wollte auf der nächsten Insel, an der die Griechen anlegten, niemand als Kundschafter vorausgehen. Schließlich entschied das Los: Die eine Hälfte der Besatzung mußte unter Führung des Eurylochos voran, Odysseus wartete mit den anderen beim Schiff.

Als Stunden später Eurylochos allein zurückkam, berichtete er, sie hätten ein Gehöft entdeckt, in dessen Umkreis zahme Löwen und Wölfe lagerten. Im Haus hinter der Mauer habe eine schöne Frau gewebt und dazu gesungen. Die habe seine Männer eingelassen, er aber sei vorsichtshalber draußen geblieben und habe gewartet – umsonst. Sicher sei den Leuten etwas zugestoßen.

Das glaubte auch Odysseus und machte sich auf den Weg. Da kam ihm ein junger Mann entgegen, der ihn kopfschüttelnd fragte: »Unglücksmensch, willst du vielleicht deine Freunde aus den Fängen der Zauberin Kirke befreien? Sie sind in Schweine verwandelt, und dir wird es nicht bessergehen, wenn ich dir nicht helfe.« Bei diesen

Hexameter – das Versmaß des Epos

Die ILIAS, die ODYSSEE und nahezu alle späteren epischen Dichtungen der Griechen und Römer sind in Hexametern abgefaßt, also in Langversen mit jeweils sechs Bausteinen. Diese Bausteine, Versfüße oder Metren genannt, weisen entweder die Silbenfolge lang – kurz – kurz auf (man nennt diese Folge »Daktylos«, das heißt Finger, weil, vom Daumen abgesehen, unsere Finger jeweils ein längeres und zwei kürzere Glieder haben) oder enthalten als sogenannte »Spondeen« zwei Längen. Der letzte Fuß des Verses umfaßt grundsätzlich nur zwei Silben, von denen die zweite lang oder kurz sein kann. Je nachdem, wie Spondeen und Daktylen aufeinanderfolgen, wechselt der Rhythmus des Hexameters. Das fällt bei deutschen Nachdichtungen nicht ohne weiteres auf, da wir gewohnt sind, Akzente zu setzen, und damit – statt auf Längen und Kürzen zu achten – den Vers in eine Folge betonter und unbetonter Silben verwandeln. Deutsche Hexameter bekommen auf diese Weise etwas gleichmäßig Behäbiges, und darum sind sie in unserer Dichtung auch nicht recht heimisch geworden. Am ehesten taugen sie noch für Parodien: »Wohnlich im Wechselgespräch beim angenehm schmeckenden Portwein / saßen Professor Klöhn und Fink, der würdige Doktor ...« (Wilhelm Busch). Freilich, wenn wir homerische Verse vortragen, klingen sie ähnlich, etwa so: ándra moi énnepe, músa, polýtropon, hós mala pólla (ODYSSEE I, 1) – aber natürlich nur deswegen, weil wir uns nicht von unseren Betonungsgewohnheiten lösen können.

Worten pflückte der junge Mann – es war der Götterbote Hermes – ein seltsames Kraut, gab es Odysseus und sagte ihm, wie er sich gegen Kirkes Tricks schützen konnte.

Bald betrat Odysseus das Haus der Hexe, leerte den Becher, den sie ihm zur Begrüßung reichte, und zückte sein Schwert, als sie ihren Zauberstab hob und ihn verwandeln wollte. Kirke sah sogleich, daß diesmal ihre Kunst versagte, verlegte sich aufs Bitten und zog schließlich Odysseus auf ihr Lager. Dann entzauberte sie seine Freunde, und es begann eine fröhliche Zeit. Fast ein Jahr ließ sich die Mannschaft verwöhnen, ehe sie wieder das Verlangen nach Heimkehr verspürte. »Zuvor aber«, sagte Kirke, »müßt ihr zum Haus des Hades segeln. Dort soll Odysseus die Seele des Sehers Teiresias nach eurem weiteren Schicksal befragen.«

Sie beschrieb den Weg und nannte die Opfer, die dargebracht werden mußten. Darauf fuhren ihre Gäste los und fanden weit im Westen den Eingang zum Hades. Odysseus schlachtete, wie ihm befohlen war, zwei schwarze Schafe und ließ ihr Blut in eine Grube fließen. Gleich stiegen aus der Tiefe die Schatten der Toten herauf und wollten trinken, er aber wehrte sie mit dem Schwert ab, bis die Seele des Teiresias erschien.

»Schwer«, sagte dieser, »wird dir die Heimkehr werden, denn Poseidon ist böse auf dich wegen seines Sohnes Polyphem. Immerhin hast du mit deinen Leuten eine Chance, wenn ihr euch nicht an den Herden des Sonnengottes vergreift. Tut ihr das, so ist es euer Verderben, und selbst wenn du allein ihm entgehen solltest, kommst du erst spät nach Ithaka, nach unsäglichen Leiden, allein, auf einem fremden Schiff, und findest Unheil im Hause. Gelingt es dir aber, die Freier zu töten, die um deine Frau werben und dein Gut verprassen, dann nimm ein Ruder und wandere, bis du zu Menschen kommst, die es für eine Schaufel zum Worfeln (also zum Getreidereinigen) halten. Dort opfere dem Poseidon und all den anderen Göttern. Spät erst wirst du dann eines friedlichen Todes sterben, als Herr über glückliche Menschen.«

Teiresias ging, und Odysseus ließ die Seele seiner Mutter trinken, die schon lange wartete. Von ihr erfuhr er, wie es auf Ithaka stand. Später berichtete ihm Agamemnon, daß er von seiner eigenen Frau erschlagen worden sei, und Achilleus ließ sich von den Heldentaten seines Sohnes erzählen. Auch Sisyphos und Tantalos und andere große Sünder sah Odysseus, ehe er zur Oberwelt zurückkehrte. Glücklich erreichte er wieder Kirkes Insel und erfuhr von ihr, welche Gefahren er als nächste bestehen mußte.

An der Insel der Sirenen führte seine Fahrt vorbei. Diese Mischwesen, halb Mädchen, halb Vögel, lockten mit ihrem herrlichen Gesang Seefahrer auf ihre Insel und brachten sie um. Damit er ihr zauberhaftes Lied trotzdem hören konnte, ließ sich Odysseus an den Mastbaum binden, während seine Mannschaft sich die Ohren mit Wachs verstopfte.

Was aber sangen die Sirenen? Sie versprachen, vom Kampf um Troja zu berichten, und Odysseus hätte – erstaunlich? – gern mehr davon gehört. Doch seine Leute achteten nicht auf die Zeichen, die er ihnen gab, und ruderten weiter.

Bald näherten sie sich der Meerenge, wo – so hatte Kirke berichtet – dreimal am Tag die fürchterliche Charybdis das Wasser einschlürft und ganze Schiffe in den

So sagt es Homer: Das Lied der Sirenen

»Komm' doch hierher, vielgerühmter Odysseus, du Stolz der Achaier, unterbrich deine Fahrt, um unserem Gesang zu lauschen. Denn noch keiner ist hier im schwarzen Schiff vorübergesegelt, ehe er nicht das liebliche Lied aus unserem Munde vernommen hatte. Freudvoll kehrt man dann heim und mit reicherem Wissen. Uns ist nämlich alles bekannt, was Achaier und Trojaner nach dem Willen der Götter erlitten; ja, wir wissen alles, was auf der fruchtbaren Erde sich zuträgt.«

Abgrund zieht. Links von ihr erhebt sich ein Felsen mit einer Höhle, in der die Skylla lauert, ein Monster mit sechs Köpfen auf langen Hälsen. Odysseus konnte nicht verhindern, daß die Skylla sechs Männer aus seinem Schiff raubte – doch das war immer noch besser, als das ganze Schiff durch die Charybdis zu verlieren.

Bald erreichten sie die Insel, auf der die Herden des Sonnengottes weideten. Hier nahm Odysseus seinen Leuten das Versprechen ab, keines der Tiere anzurühren – doch ein Südsturm verhinderte vier Wochen lang die Weiterfahrt, und so kam es, daß die hungrige Mannschaft, während Odysseus schlief, einige Rinder schlachtete.

Auf der Stelle geschahen furchtbare Zeichen: Das Fleisch brüllte an den Spießen und die abgezogenen Häute krochen über den Boden! Odysseus erwachte und sah das alles mit Entsetzen, seinen Männern aber war es gleichgültig – Hauptsache, es gab wieder zu essen!

Als sie nach sieben Tagen weiterfuhren, kam ein schrecklicher Sturm auf, ein Blitzstrahl traf das Schiff, und die gesamte Besatzung fand den Tod. Den Odysseus hätte beinahe die Charybdis geschluckt, doch er konnte sich retten und trieb, an den Mast seines untergegangenen Schiffes geklammert, zur Insel Ogygia, wo ihn Kalypso versorgte.

Der treue Sauhirt

Die Phaiaken waren von den Erzählungen ihres Gastes begeistert und überhäuften ihn mit Geschenken. Er seinerseits dankte in einer wohlgesetzten Rede für alle Wohltaten, die er empfangen hatte. Dann ging er an Bord des Schiffes, das ihn nach Hause bringen sollte. Er schlief tief und fest, als es Ithaka erreichte. Darum trugen ihn die

Phaiaken samt seiner ganzen Habe von Bord und ließen ihn am Strand weiterschlafen. Sie selbst segelten heimwärts, doch ehe sie den bergenden Hafen erreichten, verwandelte der erzürnte Poseidon ihr Schiff in Stein! Das war seine Rache dafür, daß ihm Odysseus entkommen war.

Als dieser erwachte, wußte er nicht, wo er sich befand, denn auf Ithaka hatte sich in den zwanzig Jahren seiner Abwesenheit allerhand verändert. Da kam Athene in Gestalt eines jungen Hirten auf ihn zu und nannte ihm den Namen der Insel. Odysseus gab sich als kretischer Flüchtling aus, doch Athene sagte lachend: »Du Schwindler!« und nahm ihre wahre Gestalt an. Sie half dem angeblichen Kreter, seine Schätze gut zu verstecken, verwandelte ihn in einen alten, zerlumpten Bettler und wies ihm den Weg zu Eumaios, dem königlichen Schweinehirten. »Auf den Mann kannst du dich verlassen«, sagte sie und verschwand.

Odysseus humpelte los. Bei den Ställen des Eumaios hätten ihn beinahe dessen Hunde angefallen, wenn nicht ihr Herr eingegriffen hätte. Er nahm den fremden Bettler freundlich auf, bewirtete ihn und sprach von seinem Herrn, den er wohl nie wiedersehen werde.

Vergeblich versicherte Odysseus, dieser werde bald wiederkommen. Eumaios schüttelte nur traurig den Kopf und hörte sich die Geschichte an, die sein Gast erzählte. Kreter sei er, habe vor Troja mitgekämpft, sei dann bei einem Raubzug in Ägypten in Gefangenschaft geraten und habe schließlich einen phönizischen Kaufmann begleitet.

»Als dessen Schiff in einen Sturm geriet«, fuhr er fort, »wurde ich über Bord gespült, bekam aber den abgebrochenen Mast zu fassen und trieb an die Küste des Thesprotenlandes. Dessen König hat mich versorgt, genau wie kurz vorher deinen Herrn, und schließlich auf ein Schiff bringen lassen, das Dulichion anlaufen sollte. Zu meinem

Unglück waren die Seeleute Gauner und wollten mich in die Sklaverei verkaufen. Doch als sie an dieser Insel anlegten, konnte ich ihnen entkommen.« Eumaios fand die Story nicht schlecht, nur das, was sein Gast von Odysseus eingeflochten hatte, wollte er unter gar keinen Umständen glauben.

Schließlich begaben sich die beiden zur Ruhe, und Odysseus fror in seiner dürftigen Bettlerkluft. Flugs erfand er eine neue Geschichte und schaffte es, dem Sauhirten einen Mantel abzuluchsen. »Aber nur leihweise!« sagte dieser, »wir haben selber nicht viel zum Anziehen.«

Während Odysseus bei Eumaios schlief, suchte Athene seinen Sohn in Sparta auf und drängte ihn zur Heimkehr. Zugleich warnte sie ihn vor dem Hinterhalt der Freier und riet ihm, zuerst Eumaios aufzusuchen. Als sich Telemach von Menelaos und Helena verabschiedete, stieß plötzlich ein Adler in den Palasthof herab und raubte eine fette Gans. »Das ist ein Götterzeichen«, meinte Helena, »denn genau wie dieser Adler wird Odysseus von weit her kommen und über die ahnungslosen Freier herfallen.«

Als Telemach in Pylos an Bord seines Schiffes ging, bat ihn ein Mann namens Theoklymenos, ihn mitzunehmen. Er sei ein Flüchtling, komme aus Argos und könne Zeichen deuten. Zufällig flog bei der Landung auf Ithaka ein Habicht vorbei, der trug eine Taube in den Klauen. »Das bedeutet«, sagte Theoklymenos zu Telemachos, »daß dein Geschlecht für immer auf dieser Insel herrschen wird.«

Wie ihm Athene geraten hatte, ging der junge Mann zuerst zu Eumaios. Der bewirtete ihn und erzählte von den Schicksalen des Fremden, den er aufgenommen hatte. Danach ging er im Auftrag Telemachs zur Königin Penelope, um dessen glückliche Ankunft zu melden. Inzwischen zeigte sich Athene bei Odysseus, gab ihm seine wahre Gestalt zurück und riet ihm, er solle seinem Sohn nun reinen Wein einschenken. Telemach wollte zuerst nicht glauben, daß sein Vater zurückgekommen war. Um so größer war bald seine Freude, und die beiden berieten, wie sie die Freier überwältigen könnten – es waren nämlich über hundert!

Odysseus schickte seinen Sohn voraus in die Stadt und versprach, als Bettler nachzukommen. Falls ihn die Freier übel behandelten, müsse Telemach schweigen. Wichtig sei aber, daß er unter einem passenden Vorwand alle Waffen aus dem großen Saal entferne, in dem die Gelage stattfanden. Telemach ging, und Athene machte Odysseus wieder zum alten, abgerissenen Bettler.

So wanderte er am nächsten Morgen, von Eumaios geleitet, zur Stadt. Dabei überholte sie der Hirt Melanthios, der Ziegen für die Gelage der Freier zum Palast trieb. Er machte sich über die »beiden alten Lumpen« lustig und verpaßte Odysseus sogar einen Fußtritt, doch der nahm die Kränkung schweigend hin.

Als sie den Königshof erreichten, lag da auf dem Mist ein alter, verlauster Hund, den hatte Odysseus vor zwanzig Jahren zur Jagd abgerichtet. Er erkannte seinen Herrn sofort und senkte die Ohren. Zum Aufstehen war er zu schwach. Odysseus kamen die Tränen, als er ihn so liegen sah, und er wandte sich ab. Der Hund aber streckte sich aus und starb, nachdem er seinen Herrn nach zwanzig Jahren wiedergesehen hatte.

Bettler im eigenen Haus

Nun ging Eumaios in den Saal zu Telemach, Odysseus aber setzte sich an die Schwelle. Gleich ließ ihm sein Sohn Brot und Fleisch bringen und erlaubte ihm auch, im Saal zu betteln. Antinoos, einer der Freier, ärgerte sich darüber, daß Eumaios den Fremden angeschleppt hatte, und beschimpfte die beiden grob. Nach dem Bettler warf er sogar einen Schemel. Den anderen Freiern mißfiel das, und sie warnten Antinoos: »Oft kommen Götter in solcher Gestalt zu uns, um uns zu prüfen.« Doch jener lachte nur.

Gegen Abend erschien ein anderer Bettler, der für die Freier Botendienste erledigte und daher, nach der Götterbotin Iris, mit Spitznamen Iros genannt wurde. Er wollte den unerwünschten Konkurrenten vertreiben und plusterte sich mächtig auf, doch als es zum Gaudium der Freier zu einer Rauferei zwischen ihm und Odysseus kam, bezog er fürchterliche Schläge und wurde in den Hof geschleppt.

Odysseus hatte später noch einen Wortwechsel mit einer der Mägde, die es mit den Freiern hielt und ziemlich frech war. Er fuhr ihr aber derart über den Mund und sah sie so finster an, daß sie schwieg und sich mit den anderen Mägden verdrückte. Als auch die Freier gegangen waren, schaffte Odysseus mit seinem Sohn alle Waffen aus dem Saal in eine Kammer. Athene leuchtete ihnen dabei, und Telemach staunte. Danach durften die Mägde wiederkommen, um aufzuräumen. Auch Penelope erschien und fragte den alten Bettler, von dem sie bereits gehört hatte, nach seinem Namen und seiner Heimat.

Odysseus strickte rasch eine neue Kretergeschichte, flocht aber auch Wahres ein und erweckte den Eindruck, er habe erst vor kurzem Odysseus getroffen. Nach diesem Gespräch sollte Eurykleia, die alte Amme des Odysseus, ihm die Füße waschen, und diesem fiel zu spät ein, daß sie ihn an einer typischen Narbe erkennen könne. Er wollte vom Licht wegrücken, doch es war zu spät: »Du bist es ...« , flüsterte die Alte. Da hielt ihr Odysseus den Mund zu und warnte sie: »Das darf noch niemand erfahren!«

Penelope, die von dem Vorfall nichts bemerkt hatte, erzählte dem Fremden einen Traum von einem Geier und Gänsen, den dieser ebenso deutete wie seinerzeit das Zeichen in Sparta: »Glaube mir, Odysseus wird kommen und den Freiern ein schlimmes Ende bereiten.«

»Hoffentlich«, sagte die Königin, »denn morgen soll ein Wettkampf stattfinden; der Kampfpreis bin ich selbst. Wer den Bogen des Odysseus spannt und einen Pfeil durch die Ösen von zwölf hintereinander aufgesteckten Beilen schießt, darf mich heiraten.«

»Dein Mann«, versicherte Odysseus, »wird da sein, ehe ein anderer den Bogen spannt.«

Am folgenden Morgen leistete sich der böse Melanthios neue Unverschämtheiten gegenüber dem alten Bettler, doch dieser ließ sich nicht reizen. Philoitios dagegen, ein Rinderhirt, gab zu erkennen, daß er noch auf die Heimkehr seines Herrn hoffte. Das freute Odysseus.

Während die Freier im Saal tafelten, kam es zu einem weiteren Zwischenfall: Einer von ihnen warf einen Rindsfuß nach Odysseus. Das nahm Telemach sehr übel und wies den Mann zurecht. Die jungen Leute schwiegen betroffen, weil er so energisch gesprochen hatte, bis einer ihn aufforderte, endlich seine Mutter zu verheiraten. »Ich kann sie nicht zwingen«, sagte Telemach, und plötzlich begannen alle ganz unmotiviert zu lachen. Dabei verzerrten sich ihre Gesichter, und Theoklymenos, der Seher, fragte: »Was ist euch? Hört ihr schon die Totenklage? Seht ihr das Blut an den Wänden?« Wieder lachten die Freier und forderten den Seher auf, er solle verschwinden. Der aber sagte, während er ging: »Ihr werdet alle sterben. Das ist sicher.«

Die Rache

Nach der Mahlzeit brachte Penelope den Bogen des Odysseus, während Telemach die zwölf Beile der Reihe nach in einen Balken schlug. Dann plagten sich die Freier mit dem Bogen, doch keiner konnte ihn spannen. Währenddessen fragte Odysseus im Hof Eumaios und den Rinderhirten, ob sie bereit wären, ihrem Herrn zu helfen, wenn er jetzt plötzlich erschiene, und die beiden stimmten begeistert zu. Da zeigte er jene Narbe, an der ihn schon Eurykleia erkannt hatte, und sagte: »Ich bin wieder da. Nun kommt mit mir!«

Er ging in den Saal zurück, wo eben Eurymachos den Bogen – vergeblich – zu spannen suchte. »Darf ich es auch einmal probieren?« fragte Odysseus. Gleich lärmten alle, er sei wohl übergeschnappt und solle den Mund halten, sonst erginge es ihm übel. Da griff Penelope ein und meinte, der fremde Bettler wolle sie ja wohl nicht heiraten. Warum sollte man ihm also nicht einen Versuch gestatten? Nach einigem Hin und Her bekam Odysseus tatsächlich den Bogen, prüfte ihn, spannte ihn mühelos und schoß dann einen Pfeil durch alle zwölf Äxte.

Während die Freier noch wie vom Donner gerührt dastanden, hatte Odysseus schon den nächsten Pfeil auf der Sehne. »Nun suche ich mir ein neues Ziel!« rief er und durchbohrte dem dreisten Antinoos die Kehle. Der brach zusammen, die anderen Freier aber sprangen auf und suchten nach Waffen – doch da war kein Schild, keine Lanze mehr im Saal.

Liebe und Haß: Homers Götter

Poseidons Zorn machte Odysseus die Heimkehr so schwer, und ohne Athenes Hilfe wäre sowohl er wie sein Sohn Telemach eines schmählichen Todes gestorben: Der Mensch ist schwach, ein Spielball des Schicksals, dem sich freilich auch die Götter beugen müssen. Nicht einmal seinen eigenen Sohn Sarpedon kann Zeus retten, als die Waagschale mit seinem Todeslos sinkt. Doch wenngleich die Götter nicht allmächtig und auch nicht allwissend sind, so steht ihre Macht doch himmelhoch über jeder irdischen, und sie scheinen diese Macht auch lustvoll zu gebrauchen, geben ihren Neigungen und Leidenschaften nach, können boshaft, zynisch und ungemein nachtragend sein und haben ihre diebische Freude am Überlisten und Intrigieren. Es ist ihr Werk, wenn ein Mensch in tiefes Elend gerät, und wo ein anderer Gewaltiges leistet, muß er es der mehr oder weniger sichtbaren Hilfe einer Gottheit danken.
So bleibt den »elenden Sterblichen« keine andere Wahl, als sich in das oft willkürliche Walten dieses untereinander ganz selten einigen Olympierklüngels zu ergeben. Am einzelnen liegt es, wie er das trägt, was über ihm verhängt ist und ihm zustößt – und nicht von ungefähr begleiten Odysseus im Epos die Beiwörter »göttlicher Dulder«.

In dieser Lage bot Eurymachos dem heimgekehrten König vielfache Buße für alles an, was ihm zugrunde gerichtet worden war, dieser aber lehnte ab: »Was ihr getan habt, ist unverzeihlich. Darum habt ihr nur noch die Wahl zu kämpfen oder zu fliehen!«
Pfeil um Pfeil entsandte Odysseus ins dichte Gedränge der Freier, bis sein Köcher leer war. Dann ergriff er zwei Lanzen, und wie er rüsteten sich Telemach und die beiden Hirten – aber plötzlich hatten auch einige Freier Schilde

Und wie alt war Penelope damals?

Die Antwort auf die Frage ist ziemlich einfach: »Ziemlich alt schon!« Selbst wenn man annimmt, daß Penelope noch blutjung war, als Odysseus sie heimführte, und daß sie ihren Telemach – sagen wir – mit sechzehn bekommen hat, nähert sie sich nun, da ihr Mann nach zwanzig langen Jahren endlich wieder heimkommt, den Vierzigern. Dessenungeachtet wird sie von den Freiern heftig umworben – gar nur wegen ihres Besitzes, wegen der Herrschaft über Ithaka? Es scheint, als lasse der Mythos die Frauen nicht so rasch verblühen wie die südländische Realität.

Auch Helena ist nicht mehr die Jüngste, als Telemach sie sieht und über ihre Schönheit staunt. Wie wir wissen, war Helena eine jüngere Schwester der Klytaimestra. Diese hatte, als der Trojanische Krieg ausbrach, bereits vier Kinder, darunter Iphigenie, die man in Aulis opfern wollte.

Das Mädchen war damals schon im heiratsfähigen Alter, es sollte ja – angeblich – mit Achilleus vermählt werden. Helena müßte demnach mindestens auf die Dreißig zugegangen sein, als Paris sie entführte, und nach zehn Jahren Trojanischem Krieg war sie immer noch äußerst begehrenswert. Bei Telemachs Besuch aber – noch zehn Jahre später – erleben wir sie als ungemein attraktive Mittvierzigerin.

und Lanzen: Melanthios hatte sie ihnen aus der Kammer geholt, wohin sie Odysseus gebracht hatte. Zum Glück konnten Eumaios und Philoitios den Verräter abfangen, als er zum zweiten Mal in die Rüstkammer schlich. Trotzdem blieb die Lage bedrohlich. Aber da erschien in Gestalt des alten Mentor Athene im Saal, machte Odysseus Mut und schützte ihn vor den Speerwürfen der Freier.

Einer nach dem anderen fand den Tod, nur dem Sänger Phemios und dem Herold Medon schenkte Odysseus das

Leben. Als er sah, daß sonst niemand mehr übrig war, ließ er die alte Eurykleia holen. Die wollte in lauten Jubel ausbrechen, doch Odysseus verbot es ihr: »Es ist nicht recht, sich über den Tod von Menschen zu freuen.«

Dann wollte er wissen, welche Mägde es mit den Freiern gehalten hatten. Auch sie sollte sein Strafgericht treffen. Zuvor aber mußten sie den Saal säubern. Als die Mägde und der verräterische Ziegenhirt tot waren, erlaubte es Odysseus der alten Eurykleia, seine Frau aus ihrem Zimmer zu holen. Penelope wollte es zuerst nicht glauben, daß ihr Mann zurückgekehrt sei, und Telemach konnte es kaum fassen, daß sie sich wortlos, grußlos neben seinen Vater setzte.

Der aber meinte, das werde alles noch ins Lot kommen. Zunächst gelte es, einen Aufruhr in der Stadt zu vermeiden. Schließlich seien über hundert junge Männer aus den besten Familien umgebracht worden!

Darum solle der Sänger Musik machen und die Mägde müßten dazu tanzen, damit jeder glaube, im Palast werde wie üblich gefeiert. »Wir aber ziehen uns aufs Land zurück; dort sehen wir weiter.«

Als Odysseus das angeordnet hatte, nahm er ein Bad, und Athene gab ihm seine frühere Schönheit zurück. So trat er vor Penelope, und weil sie ihn immer noch zweifelnd anblickte, sagte er: »Frau, du mußt ein Herz aus Stein haben, daß du bei der Rückkehr deines Mannes so kalt bleibst. Nun denn – ich bin müde und will jetzt schlafen.«

»Trag sein Bett aus der Kammer, Eurykleia!« sagte Penelope, und Odysseus fragte verblüfft: »Wer hat sich an meinem Bett zu schaffen gemacht? Das habe ich selbst um einen dicken Ölbaumstamm herum gezimmert, das bringt niemand aus der Kammer heraus.«

Nun wußte Penelope, daß Odysseus wirklich heimgekehrt war, und fiel ihm um den Hals, während sie zugleich lachte und weinte. Dann nahm Odysseus sie zärtlich an der Hand und führte sie in die Kammer, wo das kunstvoll gezimmerte Bett stand. Am folgenden Morgen verließ er mit Telemach und den beiden Hirten die Stadt und begab sich zu seinem Vater Laertes. Zur gleichen Zeit rief Hermes, der die Toten geleitet, die Seelen der erschlagenen Freier. Sie umschwirrten ihn wie ein Schwarm Fledermäuse und folgten ihm in den Hades. Dort erfuhren die Scharen der Schatten als erste von der furchtbaren Rachetat des Odysseus.

Als Odysseus auf dem Land angekommen war, konnte er es sich nicht verkneifen, auch seinem Vater Laertes erst einmal eine Lügengeschichte aufzutischen. Doch sobald er diesem von Odysseus erzählte, den er vor fünf Jahren getroffen haben wollte, jammerte der alte Mann so herzzerreißend, daß er sich nicht länger verstellen konnte und sich zu erkennen gab.

Unterdessen hatte sich in der Stadt herumgesprochen, daß im Palast des Odysseus etwas Fürchterliches geschehen war. Sogleich strömten die Angehörigen der Freier dorthin und holten unter Klagen und Verwünschungen die Leichen ihrer Söhne zur Bestattung.

Danach sammelten sie sich auf dem Markt und berieten, was weiter zu tun sei. Eupeithes, der Vater des Antinoos, forderte das Volk auf, den Tod ihrer Söhne zu rächen, dagegen erklärten der Herold Medon, der Sänger Phemios und auch der Seher Theoklymenos, der die Freier vergeblich gewarnt hatte, Odysseus habe nicht ohne göttliche Hilfe gehandelt und die Freier seien selbst an ihrem gewaltsamen Ende schuld.

Einen Teil der Leute überzeugte das, doch gut die Hälfte wollte Blut sehen und begab sich auf die Suche nach Odysseus. Währenddessen fragte Athene auf dem Olymp ihren Vater Zeus, was nun geschehen solle, und dieser ent-

Wie Fledermäuse ... Vergleiche bei Homer

»Wie wenn Fledermäuse ganz hinten in einer gewaltigen Höhle durcheinanderschwirren, wenn eine aus dem ganzen Schwarm den Halt verloren hat – sie hängen ja dichtgedrängt beieinander –, genau so schwirrten auch jene.«
Neben den vielen schmückenden Beiwörtern, die typisch sind für das Epos, geben ihm Vergleiche aus allen möglichen Lebensbereichen besonderes Kolorit. Wenn das Monster Charybdis die eben eingeschlürften Wassermassen wieder ausspeit, dann erinnert das den Dichter an einen Kessel über starkem Feuer, in dem es brodelt und kocht. (Friedrich Schiller hatte dieses Bild wohl vor Augen, als er in seiner Ballade DER TAUCHER den Strudel der Charybdis so beschrieb: »Und es wallet und siedet und brauset und zischt, wie wenn Wasser mit Feuer sich mengt.«) Diesem Strudel kann das Schiff des Odysseus entkommen, doch die Skylla holt sich ihre Opfer, und vor das Bild des schrecklichen Vorgangs schiebt sich, fast beschaulich, ein neuer Vergleich:
»Wie wenn ein Fischer von einer Klippe mit langer Angelrute den kleinen Fischen Köder auswirft – das Horn einer Kuh dient ihm als Schwimmer – und wie er, wenn er einen zappelnden Fisch gefangen hat, ihn herausschleudert, genau so.«
Diese Fülle an Vergleichen, an denen die ILIAS noch reicher ist als die ODYSSEE, trug ganz wesentlich dazu bei, daß die Antike in Homer den großen Fachmann sah, der sich auf das Gewerbe des Schmieds, des Webers, Purpurfärbers oder Töpfers ebenso verstand wie auf das des Poeten.

gegnete: »Odysseus hat seine Rache; nun soll wieder Ruhe einkehren auf Ithaka. Geh und sorge dafür!«

Drunten auf der Erde war inzwischen die Menge, die Eupeithes anführte, zum Hof des Laertes gekommen und wollte ihn stürmen. Der alte Mann aber warf, von Athene

gestärkt, seine Lanze derart kraftvoll, daß er Eupeithes tödlich verwundete.

Schon wollte sich – im Schlußgesang der ODYSSEE –
auch Odysseus in den Kampf stürzen, da rief Athene so
laut, wie nur Götter rufen können: »Laßt das Blutvergie-
ßen, ihr Männer von Ithaka, und versöhnt euch.«

Allen fuhr der Schreck in die Glieder, sie ließen die Waffen sinken, und Athene – wieder in Mentors Gestalt – sorgte dafür, daß feierlich ein Vertrag geschlossen wurde, der
für alle Zeit gelten sollte.

Kurze Wirkungsgeschichte

Lehrer der Nation

Die Nachwirkung der großen Homerischen Epen hält an bis zum heutigen Tag, sie gelten zu Recht als Weltliteratur, und doch können wir uns nur schwer eine Vorstellung machen von der Bedeutung, die diese Dichtungen für die alten Griechen hatten: Homers Werk war eine der Klammern, die ihre in Klein- und Kleinststaaten aufgespaltene Welt zusammenhielt, so wichtig wie die gemeinsame Sprache, der Götterglaube und der Sport.

Das alles, einschließlich Sport – denn Schilderungen von Wettkämpfen spielen im Epos eine herausragende Rolle –, bot Homer, er war der große Lehrmeister, war Theologe, war Redner. Seine Sprache vereinte Elemente der vier Sprachgruppen, nämlich des Ionischen, Äolischen, Attischen und des Dorischen und stellte damit eine Art Übersprache dar, wenn auch im ganzen – entstehungsbedingt – ionisches Griechisch dominierte.

Schon im 7. Jahrhundert vor Christus waren Homers Dichtungen Allgemeingut, im 5. bemächtigte sich seiner die Schule, an ihm entwickelte sich die Philologie als Wissenschaft, er wurde – heftiger als Goethes FAUST – zitiert und exzerpiert, auswendig gelernt und vorgetragen, man versuchte, mit seiner Hilfe die Zukunft zu deuten, und zahllose Werke der bildenden Kunst, vor allem der Vasenmalerei, sind von ihm inspiriert.

Gut tausend Jahre war er für die Griechen, was für die Christen die Bibel wurde, und weit mehr als das!

An einem so allgegenwärtigen Denkmal rieben sich natürlich auch Kritiker. Philosophen warfen dem Dichter vor, er verleumde die Götter, indem er sie als verlogen, diebisch und ehebrecherisch schildere, Heraklit und Platon wollten ihn – erfolglos – aus den Schulen verbannen, und Spötter parodierten und travestierten ihn. Die älteste uns erhaltene Travestie und zugleich das früheste Beispiel eines literarischen Scherzes ist der im 5. Jahrhundert vor Christus entstandene FROSCHMÄUSEKRIEG.

Da stürzt sich, grimmig wie Achilleus, die Riesenmaus Brokkenmopser in die Schlacht und kann erst durch einen Blitzstrahl des Zeus gebremst werden, da beraten die olympischen Götter, auf wessen Seite sie selbst in den Kampf eingreifen sollen, und da werden im hohen Stil des Epos drohende Reden geschwungen – aber eben von Fröschen und Mäusen, die Käsknabberer oder Sumpfdümpfler heißen.

Ein großes Buch ...

Mit der sich entwickelnden Homer-Philologie geriet das große Epos als Kunstform zeitweilig in Verruf: Man stieß auf Ungereimtheiten und Widersprüche, begann ganze Passagen als »unecht« zu eliminieren und kratzte kräftig am Denkmal Homers, der, wie später Roms großer Dichter Horaz schrieb, halt auch manchmal döste.

Kallimachos von Alexandria, der Literaturpapst des 3. Jahrhunderts vor Christus, vertrat die Ansicht, literarische Perfektion sei nur in der ausgefeilten Kleinform möglich; alles Große habe unweigerlich seine Schwachstellen, ja, ein großes Buch sei ein großes Übel. Dieser Doktrin widersprach ausgerechnet einer seiner Schüler, Apollonios, der zeitweilige Direktor der berühmten Bibliothek von Alexandria, und versuchte mit einem Argonautenepos den Beweis zu erbringen, daß das große Heldenlied durchaus noch eine Zukunft habe. In Alexandria erntete er damit keinen Ruhm, im Gegenteil, der Streit mit seinem Lehrer eskalierte, und Apollonios zog sich verbittert auf die Insel Rhodos zurück.

Die Zeit hat das Unrecht, das ihm widerfahren ist, schließlich wiedergutgemacht: Von den achthundert Büchern, die der fleißige Kallimachos mit viel Kunstvollem gefüllt hat, sind nur spärliche Bruchstücke übrig, doch die ARGONAUTIKA des Apollonios blieben erhalten.

Überhaupt war das Epos trotz aller Kritik nicht totzukriegen, auch wenn kein Werk der Späteren an Homer heranreichte. Das letzte große Epos der Antike, die DIONYSIAKA des Nonnos, entstand im 5. Jahrhundert nach Christus in Ägypten und erzählt in 48 Gesängen die Mythen, die sich um den Weingott rankten.

An Umfang übertrifft es die ILIAS beträchtlich, an poetischer Qualität bleibt es weit hinter ihr zurück, vielleicht auch deshalb, weil Nonnos das Vorbild Homer bewußt zu meiden suchte.

Homer erobert Rom

In der Mitte des 3. vorchristlichen Jahrhunderts kam ein griechischer Sklave namens Andronikos nach Rom und diente seinem Herrn, einem Patrizier aus der Familie der Livii, vermutlich als Hauslehrer. Nach seiner Freilassung stellte sich Livius Andronicus die gewiß nicht leichte Aufgabe, die literarische Wüste, die er vorfand, ein wenig zu begrünen. Er schrieb Tragödien für die großen Götterfeste und trat auch selbst als Schauspieler auf. Die Themen entnahm er zu einem Teil dem Sagenkreis um Troja: AJAX, ACHILLES, DAS TROJANISCHE PFERD, ANDROMEDA sind einige der überlieferten Titel.

Ein besonderes Verdienst erwarb sich Andronicus durch die Übersetzung der ODYSSEE in lateinische Verse. Hexameter wollte er den Römern noch nicht zumuten; daher nahm er einen altitalischen Vers, den Saturnier, der von fern der NIBELUNGENSTROPHE ähnelt und, wie diese, vom Wechsel betonter und unbetonter Silben beherrscht wird:

»Virúm mihí, Caména, ínsecé versútum ...«

»Von vreúden, hóchgezíten, von weínen únd von klágen.«

Saturnier verwendete auch noch Naevius, der älteste Nationaldichter Roms, der ein Epos über den ersten Krieg mit Karthago verfaßte.

Den Hexameter machte der geniale Ennius (239 – 169 vor Christus) in Rom heimisch, und zwar in seinem Epos ANNALES, das in deutlicher Anlehnung an Homer die großen Männer und großen Leistungen des Römervolks verherrlichte. In der Vorrede zu diesem Werk berichtete Ennius, ihm sei Homer im Traum erschienen und habe verkündet, daß seine Seele in ihn eingegangen sei und sein Geist aus ihm spreche. An Selbstbewußtsein scheint es dem Mann nicht gefehlt zu haben! Daß er seine literarische Leistung nicht überschätzte, bezeugt unter anderen Cicero, der ihn gern zitiert. Spätere nahmen Anstoß an seinen kühnen Wortneubildungen, seinem Pathos, seiner Freude an Wortspielen und grellen Effekten.

In Vergil, der zur Zeit des Kaisers Augustus mit seiner ÄNEIS ein neues Nationalepos schuf, erwuchs dem Ennius ein Konkurrent, dem er bald das Feld überlassen mußte. Vergils große Leistung besteht darin, *einen* Sagenstoff, nämlich die Flucht des Äneas aus Troja, seine Irrfahrten und seine Kämpfe in Italien, zu einem literarischen Kunstwerk geformt zu haben, das gewissermaßen als ODYSSEE beginnt und als ILIAS endet. Er hielt sich dabei eng an sein Vorbild Homer, den er bewunderte, rang um sprachliche Vollendung und gab dem Epos gewissermaßen eine metaphysische Dimension, indem er es mit Prophezeiungen römischer Macht und Größe durchsetzte.

Im Mittelalter, als Homer den Westeuropäern fast nur noch dem Namen nach bekannt war, galt Vergil unbestritten als der größte aller Dichter. Ihm huldigte Dante in seiner GÖTTLICHEN KOMÖDIE, und noch an der Schwelle zur Neuzeit stellte ihn der damals hochangesehene italienische Literaturwissenschaftler Julius Caesar Scaliger weit über Homer.

Doch in dem Maße, in dem sich mit dem Humanismus die Kenntnis des Altgriechischen ausbreitete, verblaßte der Ruhm Vergils und der Homers begann neu zu erstrahlen.

Unerschöpflich!

Die erste gedruckte Ausgabe der beiden großen Epen erschien 1488. Bald folgten Übersetzungen, vor allem der ODYSSEE. Die erste deutsche von 1537 versprach ihren Lesern 24 »allerzierlichste und lustigste« Bücher über den »weltweisen kriechischen fürsten Ulysses«. Fünfzig Jahre später nahm sich bereits die Bühne dieses Themas an.

Calderon de la Barca, der ungemein produktive Spanier, verarbeitete 1637 das Abenteuer mit Kirke in seiner Komödie EL MAYOR ENCANTO: AMOR (Der größte Zauber: Liebe), die ihrerseits Werner Egks Oper CIRCE (uraufgeführt 1948) zugrunde liegt.

Claudio Monteverdis HEIMKEHR DES ODYSSEUS (Il Ritorno d`Ulisse in Patria), die 1641 in Venedig uraufgeführt wurde, gilt als eines der ersten Highlights auf der Opernbühne und wird auch heute noch gespielt.

Das Libretto hält sich auffallend eng an die epische Handlung. Ebenso wie die ODYSSEE wird die Oper mit einem »Prolog im Himmel« eröffnet: Athene beklagt sich bei Zeus, daß Odysseus immer noch von Kalypso festgehalten werde, und macht sich für seine Heimkehr stark; sie führt auch Telemach nach Sparta und wieder zurück. In Gestalt eines Hirten begegnet sie Odysseus, als er am Strand von Ithaka erwacht – kurz, Giacomo Badoero, der Librettist, hatte seinen Homer im Kopf oder kannte jemanden, der ihn im Kopf hatte. Das zeigen auch die Szenen bei Eumaios, die Auseinandersetzung mit den Freiern und das in den Epilog verlegte Erkennen des Helden durch seine treue Penelope, die bis dahin – anders als im Epos – der Meinung war, ein Bettler habe beim Wettkampf mit dem Bogen ihre Hand gewonnen.

Wenige Jahre vor Calderon und Monteverdi hatte im fernen Portugal Gabriel Pereira de Castro ein Epos in zehn Gesängen verfaßt, das er ULYSSEA (Odyssee) überschrieb, dessen einziger Zweck aber war, die Gründung Lissabons durch Odysseus zu erweisen.

Gegen Ende des 18. Jahrhunderts gelang Johann Heinrich Voß der große Wurf einer Homerübersetzung in wohlklingenden deutschen Hexametern. Sie liest sich auch heute noch ganz erträglich, jedenfalls nicht wesentlich strapaziöser als all die Versuche, die nach Voß unternommen wurden, den Homer metrisch ins Deutsche herüberzuholen.

Diese Übersetzung machte auch auf Goethe großen Eindruck, und er begann seinerseits episch zu dichten. 1794 erschien seine hexametrische Großfabel REINEKE FUCHS,

1797 das Flüchtlingsepos HERRMANN UND DOROTHEA, dessen neun Gesänge er mit den Namen der neun Musen überschrieb. Aus einem von ihnen seien der Kuriosität wegen ein paar Verse zitiert. Es geht um eine Kleiderspende für die Vertriebenen: »Ungern geb' ich ihn her, den alten, kattunenen Schlafrock/echt ostindischen Tuchs; so etwas kriegt man nicht wieder.«

Zur gleichen Zeit trug sich Goethe, wie man seinem Briefwechsel mit Schiller entnehmen kann, mit noch größeren Plänen: Er wollte in direkter Konkurrenz zu Homer eine ACHILLEIS, ein Achilleus-Epos, schreiben. Das kühne Unternehmen gedieh leider nicht; es blieb Fragment. Vermutlich spürte Goethe, daß der eingedeutschte Hexameter eher zum Reineke als für Tragisches paßt.

Die Romantik kehrte der Klassik und damit Homer den Rücken und begeisterte sich für Waldeinsamkeit, Germanisches und gelegentlich auch Maurisches – die Griechen hatten, das zeigt beispielsweise ein Blick in das umfangreiche Werk Heinrich Heines, vorübergehend ausgespielt.

Im 20. Jahrhundert änderte sich das: Homer war wieder »in«, zum Beispiel in Gerhart Hauptmanns Drama DER BOGEN DES ODYSSEUS (1914). Den schicksalhaften Bogen verwahrt bei Hauptmann der Sauhirt Eumaios, nicht Penelope, und in der Hütte des Hirten spielen auch alle fünf Akte. Die Zahl der Freier ist auf vier beschränkt, und die ganze Handlung kreist um einen Menschen, der Unsägliches durchgemacht hat, der sich von den Göttern verlassen glaubt und der nun, in seiner Heimat, allmählich wieder zu sich selbst findet.

Ausgesprochen originell ist der Plot, den Jean Giraudoux seinem Schauspiel DER TROJANISCHE KRIEG FINDET NICHT STATT 1935 zugrunde legte. In diesem Stück versuchen Hektor und Odysseus gemeinsam, die durch den

Raub der Helena ausgelöste Krise gütlich beizulegen, haben aber ihre liebe Not mit den trojanischen Alten, die von der schönen Spartanerin derart bezaubert sind, daß sie sie um keinen Preis zurückgeben wollen. Außerdem ist da noch ein kriegswütiger Fanatiker namens Demodokos, der schließlich alle Friedensbemühungen scheitern läßt – der Krieg wird stattfinden! Giraudoux hat sich in diesem Drama als Prophet erwiesen, denn er meinte mit Griechen und Trojanern Deutsche und Franzosen und sah den nächsten großen Konflikt zwischen beiden Völkern als unvermeidbar an. Vier Jahre später begann der Zweite Weltkrieg.

Erinnert sei auch an einen großen Griechen, an Nikos Kazantzakis. Seinen Einfall, über das Ende der ODYSSEE hinauszudenken, haben mittlerweile mehrere Autoren sich zu eigen gemacht. Die Frage ist ja auch durchaus legitim,

Ein anderes originelles Beispiel kreativer Homer-Rezeption entstand gegen Ende des 17. Jahrhunderts in Frankreich, am Hofe Ludwigs XIV.:
François de Salignac de la Motte Fénelon, dem Erzieher der beiden Enkel des Königs, war der Einfall gekommen, seinen Zöglingen mit Hilfe eines Abenteuerromans die Wertvorstellungen nahezubringen, über die Menschen in herausragender Stellung verfügen sollten. Zu diesem Zweck schrieb er eine Fortsetzung zum 4. Gesang der ODYSSEE, in der er Telemach auf große Fahrt schickte. Bis nach Kreta, Phönizien und Ägypten kommt der junge Mann, ehe er von einem Sturm zur Insel der Kalypso verschlagen wird. Die Göttin sieht in ihm ein Ebenbild seines Vaters und verliebt sich unsterblich in ihn. Telemach seinerseits hat nur Augen für eine Nymphe namens Eucharis, was seinem Begleiter Mentor – das heißt der Göttin Athene – nicht entgeht.

wie sich wohl die über zwanzig Jahre getrennten Ehegatten nach der ersten Wiedersehensfreude miteinander arrangiert haben. Man kann sich denken, daß der braven Penelope allmählich die Kriegsgeschichten ihres Mannes auf den Nerv gingen, daß sie eifersüchtig war auf die Frauen, mit denen er während der langen Irrfahrt in mehr oder weniger engen Kontakt kam: Kalypso, Kirke, Nausikaa ...

Bei Kazantzakis wird es Odysseus auf Ithaka einfach zu eng, und darum rüstet er noch einmal ein Schiff für eine weite Reise aus. Sie führt ihn nach Sparta, wo er seinem alten Kampfgefährten Menelaos dabei hilft, eine Revolte niederzuschlagen. Als er abreist, begleitet ihn Helena, die sich bei ihrem Mann schon wieder tödlich langweilt. Auf Kreta stürzt Odysseus zusammen mit Barbaren aus dem Norden den König Idomeneus und brennt den Palast von

Sie drängt zur Abreise und bringt ihn an die Höfe verschiedener Könige, um ihm deren Vorzüge und Schwächen zu zeigen und ihn auf seine künftige Regententätigkeit vorzubereiten.

Fénelons Idee, klassische Bildung und politische Unterweisung gefällig miteinander zu verbinden und auf unterhaltende Weise zu vermitteln, fand zunächst den Beifall des Königs. Der Druck des Romans begann, wurde aber im 5. Buch auf königliche Weisung abgebrochen, wahrscheinlich, weil Fénelon zu deutlich den Absolutismus als schlechte Regierungsform kritisiert hatte. Auf dunklen Wegen gelangte das Manuskript des Télémaque in die Niederlande, wurde dort – so versicherte Fénelon – ganz gegen seinen Willen gedruckt und entwickelte sich in kurzer Zeit zum Bestseller. Es wurde in alle Weltsprachen übersetzt und noch im vorigen Jahrhundert begeistert gelesen. Homer konnte sich zu seinem Fortsetzer beglückwünschen!

Knossos nieder. (Nun wissen wir endlich, wer das getan hat!) Danach versucht er in Ägypten Ähnliches, gerät aber in Gefangenschaft und hat im Kerker Gelegenheit, über sich und die Welt nachzudenken.

Folterqualen und Hunger lassen in ihm das Bild eines gequälten, leidenden Gottes Gestalt annehmen, den er, aus der Gefangenschaft entkommen, künftig verehren will. Er schlägt sich mit einigen Getreuen bis an die Quellen des Nils durch und baut dort seinem neuen Gott Stadt und Tempel, doch ein Erdbeben vernichtet beides. Ungebrochen von diesem Schicksalsschlag, geht Odysseus weiter seinen Weg, er begegnet Buddha und Christus, Hamlet und Don Quichotte und – kurz bevor er in der Antarktis an einem Eisberg strandet – dem Totenfährmann Charon, den er von früher her bereits kennt.

Die 33 333 Verse dieses Epos sind symbolbefrachtet wie der Ulysses von James Joyce, sie wollen in der Person des Odysseus den gottsuchenden Menschen darstellen – aber sie haben ungleich weniger Aufmerksamkeit gefunden als Joyce. Weitgehend vergessen ist heute auch der 1947 erschienene Nachkriegsroman Nekyia von Hans Erich Nossack. Mit dem Untertitel »Bericht eines Überlebenden« wies der Autor deutlich darauf hin, daß ihm nach den schrecklichen Zerstörungen und Blutopfern des Kriegs die Heimat, in die er zurückkehrte, an Homers Unterwelt und an den elften Gesang der Odyssee, die Nekyia, erinnerte. Wie Odysseus im Hades während des Gesprächs mit den Seelen der Toten an Vergangenes erinnert wird, so ruft ein langer, bilderreicher Traum dem Helden des Romans Mythisches und Historisches ins Gedächtnis zurück. Insgesamt ist das Buch beklemmend.

In ganz anderer Weise verfuhr Ernst Schnabel in seinem 1956 erschienenen Roman Der sechste Gesang mit home-

Als den bedeutendsten Roman dieses Jahrhunderts hat Anfang 1999 eine Jury von Literaten und Literaturkritikern den ULYSSES vom James Joyce bezeichnet.

In ihm wird minutiös, in wechselnden Erzähltechniken ein Tag aus dem Leben eines Dubliner Alltagsmenschen geschildert, wobei die Odyssee als stets präsenter Hintergrund dient. Das wird bereits an den Überschriften der achtzehn Episoden deutlich: Telemach, Nestor, Kalypso, Hades, Sirenen ... Einen großen Teil seiner Wirkung bezieht der Roman aus der Verfremdung homerischer Vorgaben. So führt die Szene »Circe« in ein Bordell, in eine Welt sadomasochistischer Perversionen, in eine »tiefenpsychologische Walpurgisnacht« (Jörg Drews). Die ungeschminkt-offene Darstellung auch des sexuell Abartigen hat den ULYSSES lange in Verruf gebracht; in Irland, dem Land, in dem er entstand, war er über Jahrzehnte verboten. Mittlerweile aber sind zu diesem Buch so viele kritische, erklärende und deutende Beiträge erschienen, daß Joyce es schon fast mit Homer aufnehmen kann.

rischen Elementen: Die Handlung spielt am Hof des Phaiakenkönigs Alkinoos, wo Homer gerade für sein großes Werk Informationen sammelt. Wie es der Zufall will, lernt er Odysseus persönlich kennen: Die Königstochter hat ihn am Strand aufgelesen und in den Palast ihres Vaters gebracht, wo bereits alle Welt von seinen Abenteuern weiß. Die gibt nämlich bei jedem Gelage der Sänger Demodokos zum besten! Odysseus muß sich die Stories natürlich auch anhören und ist peinlich berührt von den Legenden, die sich bereits um ihn, den Lebenden, ranken. Er kommt sich vor wie ein wandelnder Mythos. Am liebsten würde er als ganz normaler Mensch bei Alkinoos bleiben und Nausikaa ..., doch das geht nicht, denn Homer nötigt ihn zur Heimkehr nach Ithaka, weil das nun einmal so vorgesehen ist.

Wie wir sehen, regen gerade die phantastischen Geschichten um Odysseus die Phantasie der Schriftsteller immer wieder an – und das hat sich in den letzten Jahren nicht geändert, wie zwei Romane von Michael Köhlmeier zeigen.

Der Österreicher hatte sich mit seinen flotten Nacherzählungen in den mittlerweile dreibändigen SAGEN DES KLASSISCHEN ALTERTUMS schon einen Namen gemacht; in seinem TELEMACH, der 1996 bereits seine fünfte Auflage erlebte, verschmilzt er nun Gegenwart und Vergangenes, Moderne und Mythos, Ernst und Unernst: »Als sie auf der Autobahn waren, stand Eos, die Rosenfingrige, über den Feldern, und Telemach borgte sich Peisistratos' Sonnenbrille aus. (...) ›Kennst du TRENCHTOWN ROCK von Bob Marley?‹ fragte Peisistratos.« Aus diesem Telemach will Athene einen Helden machen, genau wie seinen Vater – aber das geht gründlich daneben: Wiewohl die Göttin alle, auch die drastischsten Mittel einsetzt, bleibt er am Ende doch »in seinem eigenen Willen«. Warum sollen auch Söhne immerzu Abbilder ihrer Väter sein?

Der Erfolg des TELEMACH ermunterte Michael Köhlmeier zu einer weiteren Etüde in Sachen Homer: Er füllte die sieben Jahre, die Odysseus bei Kalypso verbrachte, in seinem Roman KALYSP mit Inhalt und, natürlich, mit allerhand Sex.

Wir wollen es Michael Köhlmeier glauben, daß Odysseus anfangs der verführerischen Nymphe mit Haut und Haar verfiel und daß ihn die Unsterblichkeit lockte, die sie ihm versprach. Kalypso hatte sich auf ihrer Insel auch ganz komfortabel eingerichtet, es gab Tee, Kaffee, Zigaretten, einen Elektroherd, einen Plattenspieler, Comics und täglich die Zeitung. Auch von einer Stadt wird berichtet, von Restaurants und Bars und Baukolonnen, die in Blechcontainern hausen. Bevor sie Odysseus fand, liebte es Kalypso, nachts ein wenig auszugehen, zum Beispiel ins Kino. Aber nun hat sie ja einen Mann gefunden – für die Ewigkeit?

Odysseus, so meint unser Romancier, hätte das Angebot der Nymphe wohl angenommen, doch die Götter hatten anderes im Sinn und suchten ihn mit seinen Erinnerungen und Sehnsüchten so lange heim, bis er wieder heim wollte. Doch um diesen Wunsch zu wecken, brauchte es wohl keine überirdische Macht: Sieben Jahre Insel sind eine verdammt lange Zeit, und die Aussicht, auf alle Ewigkeit dort bleiben zu müssen, läßt sich auch mit Sex kaum versüßen.

Homer sah das klar, als er im fünften Gesang der ODYSSEE das Verhältnis des Helden und der Nymphe so beschrieb: »Sie gefiel ihm nicht mehr, aber nachts schlief er gezwungenermaßen bei ihr in der gewölbten Grotte und wollte nicht, sie aber wollte.« (V, 153 ff.) Man darf sich in diesem Zusammenhang daran erinnern, daß Odysseus bei der Göttin Kirke ein ganzes Jahr verbrachte und daß damals, wenn man Homer glauben darf, alle beide wollten. Es gab auch einen Sohn, Telegonos genannt – so bleibt noch reichlich Stoff für künftige Romane.

Anhang

Verzeichnis der wichtigsten Götter und Helden

Achilleus: der schlagkräftigste unter den Griechen – wenn er zuschlagen mag.

Agamemnon: impulsiver Führer der Griechen mit ausgeprägter Führungsschwäche.

Aias: Es gibt zwei davon, doch sind sie keine Zwillinge. Der eine kommt von der Insel Salamis, er ist nach Achill der beste Kämpfer der Griechen, sein Namensvetter aus Mittelgriechenland ist gut im Laufen und im Speerwurf.

Aineias: Sohn der Aphrodite, die ihn in brenzligen Situationen unterstützt, und – dank göttlicher Protektion – der einzige aus dem trojanischen Königshaus, der dessen Untergang überlebt.

Andromache: Frau des Hektor.

Antinoos: frecher Freier um Penelope.

Aphrodite: Liebesgöttin und, genaugenommen, an allem schuld.

Apollon: vielseitiger Gott, Musikant und Schütze, Orakelbesitzer und Pesterreger.

Ares: Kriegsgott und blindwütiger Schlagetot – viel Muskeln, wenig Hirn.

Arete: Königin der Phaiaken.

Artemis: Schwester des Apollon, zuständig für Jagd und Tod und Geburtshilfe.

Briseis: Beutemädchen des Achilleus, derentwegen er Streit mit Agamemnon hat.

Charybdis: Meerungeheuer, von dem man nur weiß, daß es saugt und spuckt.

Chryses: Apollons Priester, der seine Tochter Chryseis von Agamemnon wiederhaben will.

Diomedes: tüchtiger Kämpfer, verwundet sogar – mit göttlicher Hilfe – Götter.

Hades: Gott der Unterwelt, die ebenfalls (Haus des) Hades heißt.

Hekabe: Königin von Troja, Frau des Priamos.

Hektor: ältester und tüchtigster Sohn des Priamos, Beschützer Trojas, bis Achill ihn tötet.

Helena: schönste Frau der Welt und unleugbarer Kriegsgrund.

Hephaistos: Feuer- und Schmiedegott; kann sogar Flußgöttern einheizen.

Hera: Frau des Zeus, rach- und ränkesüchtig, setzt, wenn es sein muß, alle Mittel ein.

Hermes: Götterbote, ziemlich beschäftigt.

Kalchas: Seher im Heer der Griechen, sieht gelegentlich Unangenehmes voraus.

Kalypso: nicht unhübsche Nymphe, die Odysseus unbedingt zum Mann haben will und ihn sieben Jahre auf ihrer Insel festhält.

Kassandra: trojanische Seherin, sieht ebenfalls Unangenehmes voraus, findet aber keinen Glauben.

Kirke: zauberkundige Göttin, verwandelt die Gefährten des Odysseus in Schweine und schafft es, auch ihn selbst zu bezirzen.

Laertes: Vater des Odysseus, noch ganz gut im Speerwurf.

Menelaos: Bruder Agamemnons, Mann der Helena, die er schließlich zurückbekommt.

Mentor: Freund des Odysseus, soll für Telemachos sorgen, doch übernimmt das meist die Göttin Athene – in seiner Gestalt.

Nestor: uralter Grieche, geschätzt als Ratgeber und Erzähler von Jugenderlebnissen.

Odysseus: trickreicher König von Ithaka, potentieller Kriegsdienstverweigerer, Holzpferdebauer und Spätheimkehrer.

Olymp: Wohnung der olympischen Götter (die anderen dürfen höchstens zu Besuch kommen).

Pandaros: Bogenschütze und Waffenstillstandsbrecher.

Paris: zeitweilig Hirt und Schönheitsrichter, dann Charmeur und Entführer und Feigling; Helena mag ihn trotz allem ganz gern.

Patroklos: Freund des Achilleus, von Hektor getötet.

Peleus: Vater des Achilleus.

Phaiaken: glückliches Volk auf der Insel Scheria – das ist vielleicht Korfu.

Polydamas: gescheiter Trojaner, auf dessen guten Rat Hektor leider nicht hört.

Polyphemos: Sohn des Poseidon, einäugiger Riese und Menschenfresser.

Poseidon: Meergott, der mit seinem Dreizack die See aufwühlt und die Erde erschüttert.

Priamos: König von Troja, Vater zahlreicher Söhne und Töchter, die er nach und nach alle verliert.

Skamandros: Fluß bei Troja, dessen Gott sich mit Achilleus anlegt und ihn ertränken will.

Teiresias: toter Seher in der Unterwelt; sieht noch ganz klar, wenn er etwas zu trinken bekommt.

Thetis: Meergöttin, Mutter des Achilleus, versorgt ihn mit neuer Rüstung.

Telemachos: Sohn des Odysseus, nicht erst von M. Köhlmeier als Romanheld entdeckt.

Zeus: Vater der Götter und Menschen; mächtig, doch nicht allmächtig und erst recht nicht allwissend, dem Schicksal unterworfen und im Grunde gar nicht um seinen Job zu beneiden.

Anhang

Inhaltsübersicht der Ilias und der Odyssee nach Gesängen

Vorbemerkung:

Die Einteilung der beiden Epen in jeweils 24 Gesänge wurde in hellenistischer Zeit von alexandrinischen Philologen festgelegt. Sie folgten dabei Traditionen der Rhapsoden, die Homers Dichtungen abschnittsweise vortrugen.

ILIAS

1. Gesang	Die Pest im Lager der Griechen – Kränkung des Achilleus durch Agamemnon – Achilleus grollt.
2. Gesang	Traum des Agamemnon – Test der Kampfbereitschaft – Aufzählung der griechischen Fürsten und ihrer Schiffe.
3. Gesang	Zweikampf des Paris und Menelaos.
4. Gesang	Der Schuß des Pandaros – Agamemnon mustert das Heer und führt es in die Schlacht.
5. Gesang	Diomedes zeichnet sich aus.
6. Gesang	Begegnung Hektors mit Andromache.
7. Gesang	Zweikampf Hektors mit Aias – Bestattung der Gefallenen.
8. Gesang	Zeus untersagt den Göttern, in den Kampf einzugreifen, was Hera und Athene verdrießt – Erfolge der Trojaner – Es wird bis zum Einbruch der Dunkelheit gekämpft.
9. Gesang	Bittgesandtschaft der Griechen an Achilleus.
10. Gesang	Odysseus und Diomedes fangen den trojanischen Spion Dolon ab und überfallen das Lager des Thrakers Rhesos.
11. Gesang	Agamemnons Heldentaten.

ODYSSEE

24. Gesang   Hermes geleitet die Seelen der toten Freier in die
Unterwelt – Odysseus bei Laertes – Aussöhnung
mit den Vätern der getöteten Freier –
Vertragsschluß.

Zum Weiterlesen

Textausgaben mit Übersetzung:

Homer, ILIAS. Übertragen von Hans Rupé. Mit Urtext, Anhang
und Registern. München/Zürich 1983 (8. Aufl.)

Homer, ODYSSEE. Griechisch und deutsch, übertragen von An-
ton Weiher. Mit Urtext, Anhang und Registern. Einführung von
Alfred Heubeck. München/Zürich 1986 (8. Aufl.)

Übersetzungen/Nacherzählungen:

Homer, ILIAS. Übersetzt von Hans Rupé, mit einer Einführung
von Ludwig Voit. Bibliothek der Antike (dtv/Artemis) 1990

Homer, ODYSSEE UND HOMERISCHE HYMNEN. Übersetzt von An-
ton Weiher, mit Einführungen von Alfred Heubeck und Wolfgang Rösler. Bibliothek der Antike (dtv/Artemis) 1990

Homer, ODYSSEE. In deutsche Prosa übersetzt von Wolfgang
Schadewaldt. ZÜRICH/STUTTGART 1966

Homers ILIAS. Eine Auswahl mit Überleitungen und Anmerkun-
gen. Neu übersetzt von Georg P. Landmann. 1979

DIE HEIMKEHR DES ODYSSEUS. EINE ALTGRIECHISCHE HELDENSAGA (mit Handzeichnungen); deutsch mit Erläuterungen von O. Zeller. 1974

Homer, DIE ODYSSEE. Erzählt von Christoph Martin. Köln 1996

Gerhard Fink, DIE SCHÖNSTEN SAGEN DER ANTIKE. Düsseldorf/ Zürich 1999

Sekundärliteratur:

Die hier genannten Textausgaben enthalten reichliche Hinweise, desgleichen die lesenswerten Artikel »Ilias« und »Odyssee« in KINDLERS LITERATUR LEXIKON. Zürich 1981; außerdem seien besonders empfohlen:

Herbert Bannert, HOMER (rororo-Monographien), Reinbek 1979.

Albrecht Dihle, GRIECHISCHE LITERATURGESCHICHTE VON HOMER BIS ZUM HELLENISMUS. München 1998 (3. Aufl.).

Joachim Latacz, HOMER. DIE DICHTUNG UND IHRE DEUTUNGEN. Darmstadt (Wege der Forschung 634) 1991.

Joachim Latacz, HOMER. EINE EINFÜHRUNG. Zürich/München 1989 (2. Aufl.).

Joachim Latacz u. a. (Hg.): ZWEIHUNDERT JAHRE HOMERFORSCHUNG. Bd. 1 und 2, Würzburg 1991.

Dieter Lohmann, KALYPSO BEI HOMER UND J. JOYCE. Eine ver-
gleichende Untersuchung des 1. und 5. Buchs der Odyssee und
der 4. Episode (Calypso) im Ulysses von J. Joyce. (= Ad Fontes 5)
1998.

Gerhard Nebel, HOMER. Stuttgart 1959.

Wolfgang Schadewaldt, VON HOMERS WELT UND WERK.
Stuttgart 1965.

Wolfgang Schadewaldt, DIE LEGENDE VON HOMER, DEM FAHREN-
DEN SÄNGER. Zürich/Stuttgart 1959.

Bruno Snell, DIE ENTDECKUNG DES GEISTES. Hamburg 1946.

Ulrich von Wilamowitz-Moellendorff, DIE HEIMKEHR DES
ODYSSEUS. Berlin 1927.

Joachim Wohlleben, DIE SONNE HOMERS. Zehn Kapitel deut-
scher Homerbegeisterung von Winckelmann bis Schliemann.
Göttingen (Kleine Vandenhoeck-Reihe 1554) 1990.

Als Beispiel eines Versuchs, die Irrfahrten des Odysseus zu lokali-
sieren, sei genannt: Helmut Amthauer, DIE ODYSSEE WAR EINE
IRRFAHRT IM MITTELMEER ZWISCHEN GRIECHENLAND UND NORD-
AFRIKA. Ein Geograph nimmt Homer beim Wort. Hornburg
1995.

Meisterwerke kurz und bündig

Herausgegeben von
Olaf Benzinger

Diese neue Reihe richtet sich gleichermaßen an den neugierigen Laien wie den ambitionierten Liebhaber der Meisterwerke abendländischer Kultur. Auf einen Blick erfährt man alles Wissenswerte über herausragende Werke der Literatur, Musik und Kunst. Inhalt, Entstehungs- und Wirkungsgeschichte sowie Zeittafeln, Figurenregister und Literaturhinweise machen jeden der einheitlich gestalteten Bände zu einem Kompendium, das keine wichtigen Fragen über das jeweilige Werk und seinen Schöpfer offen läßt.

Gerhard Fink
Homers Ilias und Odyssee
104 Seiten. SP 2885

Michael Lösch
Goethes Faust
128 Seiten. SP 2886

Robert Maschka
Wagners Ring
125 Seiten. SP 2887

Lieselotte Bestmann
Michelangelos Sixtinische Kapelle
136 Seien mit einem farbigen Bildteil. SP 2888

Philipp Reuter
Prousts Auf der Suche nach der verlorenen Zeit
128 Seiten. SP 2890

Fritz R. Glunk
Dantes Göttliche Komödie
106 Seiten. SP 2891

Michael Köhlmeier

Telemach
Roman. 491 Seiten. SP 2674

Mit der Geschichte des Odysseus begann vor 2800 Jahren die europäische Literatur. Daß dieses alte Epos vom Mann, der durch die Welt irrt, von der Frau, die auf ihn wartet, und vom Sohn, der nach ihm sucht, bis heute lebendig ist, beweist Michael Köhlmeier in seiner wunderbaren Neuerzählung. Ohne Anstrengung schlägt diese Geschichte einen Bogen von der Antike in unsere heutige Zeit.

Im Mittelpunkt steht Telemach, Sohn des Odysseus, der seinen Vater nie gesehen hat. Inzwischen ist er zwanzig Jahre alt, und der Krieg, in den sein Vater zog, ist längst vorbei. Im Haus des Odysseus haben sich die Freier breitgemacht. Sie werben um die schöne Penelope, die Gattin des Verschollenen. Telemlach sieht dem Treiben der Freier mit Verzweiflung, aber hilflos zu ...

»Federnder Witz und schäumende Fabulierlust machen diese verfremdete Zeitexpedition zur wahren Lese-Lust-Wandelei.«
Focus

Sagen des klassischen Altertums
189 Seiten. SP 2371

Die Begriffe sind jedem geläufig: vom Ödipus-Komplex bis zur Achilles-Ferse, von den Tantalos-Qualen bis zum Trojanischen Pferd oder zum Danaer-Geschenk, was übrigens genau dieses Pferd ist. Aber wer kennt noch all die Sagen und Geschichten wirklich, aus denen sie stammen? Wer hat heute noch die griechische Mythologie im Kopf? – Jene wundervollen Geschichten, auf denen soviel in unserer abendländischen Kultur basiert? Homer hat sie uns überliefert, und Köhlmeier hat seinen Homer fürwahr im Kopf. Er erzählt sie uns neu – und ganz anders, als es Gustav Schwab vor über hundertfünfzig Jahren tat.

Michael Köhlmeiers neue Sagen des klassischen Altertums von Eos bis Aeneas
222 Seiten. SP 2372

Michael Köhlmeiers neue Sagen des klassischen Altertums von Amor und Psyche bis Poseidon
215 Seiten. SP 2609

Richard Friedenthal

Goethe
Sein Leben und seine Zeit.
660 Seiten. SP 248

Richard Friedenthal ist die Gesamtdarstellung des Lebens Johann Wolfgang Goethes vor dem Hintergrund seiner an Ereignissen so reichen Zeit meisterhaft gelungen. Gleich nach ihrem ersten Erscheinen wurde diese geistreiche und lebendige Biographie als Ereignis gefeiert und ist heute ein Standardwerk. Denn Friedenthal war nicht nur ein zuverlässiger Biograph, sondern auch ein Erzähler von hohen Gnaden. Überzeugend und unbefangen schildert er den bürgerlichen Lebenslauf des Genies, eines Menschen, der sich unablässig wandelte und im Kampf auch mit der eigenen Natur sich immer wieder neu verwirklichte. Dabei entfaltet sich das breite Panorama einer Epoche, die – voller Umwälzungen und Katastrophen – einen der Höhepunkte abendländischer Geistesgeschichte darstellt.

»Friedenthal zeigt – verstehend, aber nicht beschönigend, die Dinge, wie sie wirklich sind ... und siehe da, statt zu verlieren, gewinnt der Betrachtete noch an Vielfalt und Plastizität. Der Autor begreift sein Gegenüber als ein Geschichtsphänomen: Nicht der Heroisierte, sondern der Zeitgenosse beschäftigt die Phantasie ...«
Walter Jens

Luther
Sein Leben und seine Zeit.
681 Seiten mit 38 Abbildungen.
SP 259

»Daß Friedenthals Luther-Biographie in einem lebendigen, brillanten Stil geschrieben ist, mit einer erstaunlichen, anschaulich erzählten und dadurch niemals aufdringlichen Kenntnis des ungeheuren historischen Stoffes, versehen mit zahlreichen anekdotischen Einzelzügen, geistreichen Pointen und interessant aufgesetzten Lichtern – das schämt man sich bei einem Autor von dieser Qualität fast zu erwähnen.«
Heinz Zahrnt

»Diese Biographie liest sich so romanhaft fesselnd, sie verführt so unwiderstehlich, im Ozean der Geschichte zu baden, wie dies bisher wohl noch kein Luther-Buch tat.«
Frankfurter Allgemeine Zeitung

SERIE PIPER

Richard Ellmann

Oscar Wilde

Biographie. Aus dem Amerikanischen von Hans Wolf. 868 Seiten mit 63 Abbildungen. SP 2338

Wer, wie Oscar Wilde, bekundet: »Ich habe mein ganzes Genie in mein Leben gesteckt, in meine Werke nur mein Talent«, der ist in der Tat dazu bestimmt, eine Lebensgeschichte zu hinterlassen, die ein gutes und umfangreiches Buch wert ist. Der amerikanische Literaturwissenschaftler Richard Ellmann hat die berühmt-berüchtigte Inszenierung eines künstlerischen Lebens aufs genaueste recherchiert. Das Ergebnis ist eine »glänzende, eine meisterliche Biographie« (Sigrid Löffler), ein ungeheuer spannendes Buch, das nicht nur als ein Plädoyer für den großen Dandy zu lesen ist, sondern auch an geschliffenem Witz und stilistischer Eleganz mit seinem Gegenstand mithalten kann.

»Eine Biographie, wie sie in diesem Jahrhundert wohl kaum mehr geschrieben werden wird.«
Der Spiegel

Heinz Ohff

Theodor Fontane

Leben und Werk. 463 Seiten mit 26 Abbildungen. SP 2657

In der zweiten Hälfte des 19. Jahrhunderts hat die deutsche Literatur nur einen Romancier von Weltrang hervorgebracht: Theodor Fontane. Er allein kann einem Balzac, Dickens, Flaubert oder Tolstoi ebenbürtig genannt werden, vor allem mit seinen beiden Meisterwerken »Effi Briest« und »Der Stechlin«.
Theodor Fontane ist in seinem journalistischen Kollegen Heinz Ohff endlich der Biograph erwachsen, der ihm gerecht wird. Denn weder ist Fontane ein märkischer Heimatdichter noch ein einsames Genie: Diese längst überfällige Biographie zeigt den weltoffenen Preußen hugenottischer Prägung als hart arbeitenden Schriftsteller, der sich seinen Rang in der Weltliteratur schwer erkämpft hat.

»Diese wunderbare Biographie macht neue Lust auf den Autor Theodor Fontane.«
Brigitte

Martin Green

Else und Frieda

Die Richthofen-Schwestern.
Aus dem Amerikanischen von
Edwin Ortmann.
416 Seiten. SP 2323

Die Schwestern Else und Frieda von Richthofen, Töchter aus altem preußischem Offiziersadel, imposante Schönheiten von hoher Intelligenz und rebellischem Freiheitsdrang, stehen für zwei entgegengesetzte Ausbruchsversuche aus der patriarchalischen Welt ihrer Zeit. Else, Muse der kritischen Intelligenz, lebte ihre verschwiegene Liebesgeschichte mit Max Weber als geistige Partnerschaft aus. Frieda, Idol erotischer Imagination, heiratete D. H. Lawrence. Und für beide war der radikale Freud-Schüler Otto Groß, der gegen die bürgerliche Sexualität, Ehe und Monogamie zu Felde zog, der erste befreiende Liebhaber gewesen. Vor dem Hintergrund der Lebens- und Emanzipationsgeschichte der Richthofen-Schwestern gelingt Martin Green eine der »scharfsinnigsten Analysen der deutschen Sozial- und Geistesgeschichte der letzten hundert Jahre.«

Merkur

Wolfgang Leppmann

Rilke

Sein Leben, seine Welt, sein Werk.
484 Seiten mit 20 Abbildungen.
SP 2394

Rilkes Leben war lange in ein fast mystisches Dunkel gehüllt. Mit seinem Hang zur Isolation und gleichzeitig seinem Umgang mit Fürstinnen, Gräfinnen, Herzoginnen, die ihn auf ihre Schlösser einluden und aushielten, gab der »unbehauste Salondichter« viele Rätsel auf. Wolfgang Leppmann verbindet die Stationen und Ereignisse von Rilkes Leben zu einem fast romanhaftem Fresko und ergründet auch seine viel beredten Schwächen, darunter seinen pubertären Snobismus, seinen Mutterkomplex, verbunden mit der Fälschung der Vaterfigur, sein Versagen als Ehemann und Vater, seine Schnorrer-Allüren.

»Farbigkeit und Anschaulichkeit der Darstellung, die breite und stets sorgfältige Wiedergabe des Zeithintergrunds und nicht zuletzt die hohe Lesbarkeit zeichnen das Buch dieses gelehrten, aber gelassenen Erzählers aus.«

Marcel Reich-Ranicki

SERIE PIPER